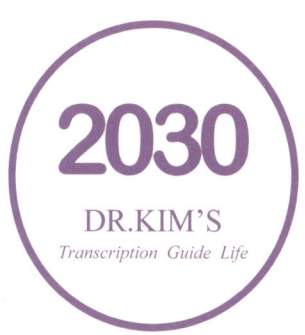

멋진 숏폼을 위한
김 박사의 필사 사용법

멋진 숏폼을 위한 김 박사의 2030 필사 사용법

초판 인쇄 2025년 03월 15일
초판 발행 2025년 03월 25일

쓰고 엮은이 김혜정
제작 책임 배용구
펴낸곳 NEXEN MEDIA

우편번호 04559
주소 서울시 중구 마른내로 102
전화 070_7868_8799
팩스 02 _ 886_5442

등록 제2020-000159호 / 2009년 한터미디어로 등록
ISBN 979-11-93796-12-2(03800)
ⓒ2025, 넥센미디어

※ 값은 뒤표지에 표시되어 있습니다.
※ 잘못된 책은 구입처에서 교환해 드립니다.

멋진 '훗쿵'
제작을 위한
김 박사의
필사 사용법

머리말

이 책은 우리 삶의 여러 가지 주제를 통해 인간 존재의 의미와 아름다움을 탐구하는 여정입니다. 수세기 동안 문학과 철학, 그리고 음악 속에서 인류는 사랑, 꿈, 성장, 자연, 도전, 그리고 행복이라는 보편적인 주제를 다뤄왔습니다. 이러한 주제들은 세대를 넘어 오늘날에도 여전히 우리의 마음과 영혼을 울리는 중요한 요소입니다.

우리는 모두 각자의 경험과 감정을 가지고 이 세상을 살아가고 있습니다. 때로는 힘든 순간이 찾아오고, 때로는 기쁨이 넘치는 날이 오기도 합니다. 이 책은 그러한 삶의 기복 속에서 우리가 어떻게 스스로를 발견하고, 타인과의 관계를 통해 성장하며, 자연과 조화를 이루어 나갈 수 있는지를 탐구합니다.

영화·음악 지삭 연설 소설 명언 명사 명화 고대7대 불가사의로 구성되어 있으며, 이는 우리에게 깊은 사유의 기회를 제공합니다. 이 명언들은 과거의 지혜자들이 남긴 메시지로, 각기 다른 배경과 시대 속에서 나온 것들입니다. 이 책을 통해 독자는 명언을 필사하며 자신의 내면을 돌아보고, 이를 통해 스스로의 삶에 의미를 더할 수 있는 기회를 가지게 될 것입니다.

인생은 매 순간이 소중하며, 우리는 그 순간들을 통해 더 나은 존재로 성장해 나갑니다.

이 책이 여러분의 삶에 작은 빛이 되고, 더 깊은 이해와 인식을 가져다줄 수 있기를 바랍니다. 함께 나누는 이 길이 여러분 각자의 여정에서 소중한 순간이 되길 바랍니다.

이제 여러분과 함께 이 글을 시작해 보겠습니다. 여러분의 마음속에 있는 이야기와 감정들을 필사하며, 자신만의 길을 찾아가길 바랍니다.

필사는
이렇게 우리에게 다가온다

인생은 끝없는 질문과 선택의 연속입니다.

우리는 매일 사랑을 갈구하고, 성공을 추구하며, 때로는 깊은 절망에 빠지기도 합니다. 그 속에서 길을 잃지 않기 위해서는 앞서 걸어간 이들의 지혜와 경험을 되돌아봐야 합니다. 이 필사본은 바로 그들의 목소리, 그들의 이야기, 그리고 그들이 남긴 예술적 유산을 손끝으로 느끼고 체험하기 위한 것입니다.

기억에 남을 만한 순간들은 영원히 우리와 함께합니다.

영화 속 한 장면, 시 한 구절, 노래 한 소절이 우리의 가슴을 울리고, 삶을 바꾸는 순간이 있습니다. 세익스피어, 예이츠, 괴테 같은 거장들은 단순한 감정 표현을 넘어, 시대를 초월해 우리의 삶을 뒤흔드는 메시지를 전달합니다. 이 필사본에서 그들의 영혼과 만나는 순간, 당신은 더 이상 예전의 자신이 아니게 될 것입니다.

음악은 언어를 초월한 예술입니다.

휘트니 휴스턴, 비욘세, 이글스의 목소리는 단순한 멜로디가 아닙니다. 그 속에는 시대의 고뇌와 기쁨, 개인의 아픔과 희망이 담겨 있습니다. 그들의 노래를 필사하는 순간, 당신은 그들의 심장을 꿰뚫고, 그들이 살아온 세상을 함께 느끼게 될 것입니다. 글자로 새긴 그들의 목소리는 우리의 영혼을 울릴 준비가 되어 있습니다.

지식은 세상을 바꿉니다.

당신은 노벨상이 살아 있는 사람에게만 주어지지만 죽어서 받은 이가 있다는 사실을 알고 있습니까? 히틀러가 독일을 지배할 수 있었던 역사적 이유를 파헤쳐 본 적 있습니까? 이 필사본에 담긴 깨알 지식은 당신의 호기심을 불러일으키고, 세상을 더 넓고 깊게 보는 눈을 열어 줄 것입니다.

연설은 시대를 움직이는 힘입니다.

마틴 루터 킹의 "나에게는 꿈이 있습니다", 시어도어 루스벨트의 용기 있는 말들은 시대를 뒤흔든 목소리입니다. 그들의 연설은 단순한 문장이 아닌, 사람들의 마음을 사로잡고 세상을 바꾸는 힘이었습니다. 그들의 말이 당신의 손끝에서 다시 쓰여질 때, 그 역사의 울림을 직접 느껴 보십시오.

소설은 우리의 영혼을 반영합니다.

인간의 가장 깊은 내면을 탐구한 피츠제럴드, 카뮈, 괴테 같은 작가들의 작품은 우리가 놓치고 있던 삶의 진실을 다시 일깨워줍니다. 그들의 문장은 단순한 이야기가 아니라, 삶의 본질을 추구하는 철학적 탐구입니다. 필사를 통해 그들의 시각을 체험하며, 당신의 내면도 그들과 함께 성장할 것입니다.

명언과 시는 짧지만 강렬한 폭발입니다.

때로는 몇 마디의 말이, 짧은 시 한 편이 우리에게 깊은 인상을 남기고 평생의 동반자가 됩니다. 소크라테스, 처칠, 괴테, 에밀리 디킨슨 등 위대한 인물들의 명언과 시는 당신의 삶에 새로운 영감을 불어넣고, 그 단어 하나하나가 강력한 무기가 되어 당신을 이끌 것입니다.

예술은 눈으로 보고, 마음으로 느끼는 것입니다.

자크루이 다비드의 명화, 세계 7대 불가사의는 인류가 창조한 가장 위대한 유산입니다. 그들은 단순한 아름다움을 넘어, 우리의 정신을 일깨우고 우리 자신을 돌아보게 만듭니다. 필사하는 순간, 당신은 그 위대한 역사의 한 부분이 되어 그들의 메시지를 당신의 것으로 만들어 갈 것입니다.

이 필사본은 단순한 기록이 아닙니다.

이것은 당신이 직접 참여하는 감정의 여정이며, 지적 탐구의 출발점입니다. 손끝으로 따라가는 글자들은 단순한 반복이 아닌, 새로운 창조의 순간입니다. 이 과정 속에서 당신은 단순히 문장을 옮기는 것을 넘어서, 새로운 감동과 깊이를 체험하게 될 것입니다.

이제, 당신의 여정을 시작할 준비가 되셨습니까?

이 필사본은 당신의 손끝에서 살아나며, 단순한 글이 아닌 당신의 일부로 남을 것입니다. 글자 하나하나에 담긴 감동을 마음 깊이 새기고, 이 여정이 끝났을 때 당신은 더 큰 사람이 되어 있을 것입니다.

차례

머리말 · 4
필사는 이렇게 우리에게 다가온다 · 5
한강, 책 속에서 길어 올린 대한민국 첫 노벨문학상 수상하다 · 16
노벨상 시상식에서 한림원 위원 '엘렌 맛손'의 한강 작가 소개 전문 · 20

01. 영화

기억에 남을 만한 순간들은 영원히 우리와 함께 합니다

- 돌과 낙엽 영화 「지니어스」 중에서 · 26
- 오늘을 붙잡아라, 소년들. 너희 삶을 비범하게 만들어라. 영화 「죽은 시인의 사회」 중에서 · 30
- 내가 숨 쉴 공기와 스케치북 한 권이면 충분하죠. 영화 「타이타닉」 중에서 · 34
- 서둘러 사느냐, 서둘러 죽느냐 영화 「쇼생크 탈출」 중에서 · 38
- 꼭 살아 돌아가, 우리 몫까지 값지게 살아 영화 「라이언 일병 구하기」 중에서 · 42

02. 음악

언어를 초월한 예술이 음악입니다

- Anson Seabra : Trying My Best 알레시아 카라 노래 · 50
- Radio Ga Ga 라디오 가가 프레디 머큐리 · 52
- Listen 들어주세요 비욘세 · 58

- Evergreen상록수 수잔 잭스 · 62
- Hotel California호텔캘리포니아 이글스 · 66
- I will always love you당신을 언제나 사랑하겠어요 휘트니 휴스턴 · 74

03. 지식
세상을 바꿉니다

- 최장수 동물은 평균 수명 400년 '대양 대합'? · 80
- 홀로코스트 추모일, 이스라엘과 유엔이 서로 다른 까닭은? · 82
- 살아있는 인물에게만 수여한다는 노벨상, 죽은 후에 받은 3명 있었다? · 84
- 미국 대통령 출마 자격인 태생적 미국 시민은? · 88
- 독일 국가國歌는 1·2절은 안 부르고 왜 3절만 부르나? · 90
- 오스트리아 출신 히틀러가 어떻게 독일 총통이 되었나? · 94
- 실리콘밸리 '큰손'이 120세 장수 위해 한다는 팔레오 다이어트란? · 96
- 하이힐 여성에게 남성들이 더 친절…언제부터 '마법 구두' 됐나? · 98
- 노벨상 메달의 순수 가치는? · 102
- 킬링필드 추모관 이름이 왜 '잎사귀의 힘'일까? · 104
- 바티칸 교황청, 왜 스위스 근위대가 지키나? · 108
- '홀로코스트'라는 용어, 유대인은 왜 꺼릴까? · 112
- 5월 1일 노동절이 미국 때문에 생겼는데 정작 미국은 9월인 이유는? · 114
- 푸틴과 히틀러와 뭐가 닮았기에 '푸틀러'로 불리나? · 118
- 전공의·전문의·전임의 구분? · 122

04. 연설
시대를 움직이는
힘입니다

- '미국 노벨상 1호' 시어도어 루스벨트 대통령 총 맞고도 90분 연설했다 시어도어 루스벨트 · 126
- 그 많던 연설가들은 다 어디로 갔는가? 데모스테네스 · 130
- 오늘 저는 제 자신이 지구에서 가장 운이 좋은 남자라고 생각합니다 루 게릭 · 136
- 나에게는 꿈이 있습니다 마틴 루터 킹 목사 · 140
- 자와할랄 네루의 간디 죽음에 대한 조사弔辭 자와할랄 네루 · 146
- 노병은 죽지 않는다, 다만 사라질 뿐이다 맥아더 · 152

05. 소설
우리의 영혼을
반영합니다

- 욕망의 충족이 곧 행복을 의미하는 것은 아니다 버트런드 러셀의 『행복의 정복』 중에서 · 158
- 방심하는 사이에 시간의 바깥으로 걸어 나오고 말았다 위화의 『가랑비 속의 외침』 중에서 · 160
- 누구든 남을 비판하고 싶을 때면 언제나 이 점을 명심하여라 스콧 피츠제럴드의 『위대한 개츠비』 중에서 · 162
- 자기가 태어날 곳이 아닌 데서 태어나기도 서머싯 몸의 『달과 6펜스』 중에서 · 164
- 진정한 상상력을 발휘해 본 적이 없었다 알베르 카뮈의 『이방인』 중에서 · 166

- 너는 저들의 행위에서 벗어나 너 자신을 깨끗이 하여라 단테의 『신곡 지옥편』 중에서 · 168
- 굳이 남의 그릇에 눈독을 들일 필요가 없다 솔제니친의 『이반 데니소비치, 수용소의 하루』 중에서 · 170
- 그를 멸시한 세계에 내가 속하게 되었다 아니 에르노의 『남자의 자리』 중에서 · 172
- 눈의 고장이었다. 밤의 밑바닥이 하얘졌다 가와바타 야스나리의 『설국』 중에서 · 174
- 나는 고양이로소이다. 이름은 아직 없다 나쓰메 소세키의 『나는 고양이로소이다』 중에서 · 176

06. 명언

결코 새로운 이야기는 아니지만 항상 위안을 준다

- 죽은 개의 영전에 바치는 말로는 정당한 찬사이리라 조지 고든 바이런 · 180
- 어머니는 제 인생의 나침반이었습니다 윈스턴 처칠 · 182
- 행복한 날, 불행한 날 나폴레옹과 헬렌 켈러 · 184
- 독서의 법칙 빌게이츠 · 186
- 메모의 법칙 손정의 · 188
- 인생 과업 중에 가장 어려운 것은? 마리아 릴케 · 190
- 나 자신을 모른다는 것은, 알고 있다는 것이다 소크라테스 · 192
- 말하는 것에 습관적으로 저지르는 여덟 가지 과오 장자 · 194
- 즐거움과 필요한 것 헤르만 헤세 · 196
- 모욕의 이중성 프랭크 크레인 · 198
- 웃음은 몸 안의 조깅입니다 찰리 채플린 · 200
- 만남과 결혼 소크라테스 · 202

07. 명시

짧지만 강렬한
폭발입니다

- 오, 내 사랑 그대여　셰익스피어 · 206
- 기억해 줘요, 우리들 앞날의 계획을　크리스티나 로제티 · 208
- 물속의 섬　윌리엄 버틀러 예이츠 · 210
- 첫사랑　괴테 · 212
- 비 오는 날　헨리 워즈워스 롱펠로우 · 214
- 붉고 귀여운 입을 가진 아가씨　하이네 · 216
- 날은 어느덧 저물어 가고 있었다　릴케 · 218
- 끝 간 데 없이 늘어선 생울타리　폴 베를렌 · 222
- 들장미　요한 볼프강 폰 괴테 · 226
- 탱자꽃　키타하라 하쿠슈 · 230
- 겨울이 왔다　타카무라 코타로 · 232
- 인생 예찬　헨리 워즈워스 롱펠로우 · 234
- 애타는 가슴 하나 달랠 수 있다면　에밀리 디킨슨 · 236
- 선물(The Gift Outright)　로버트 프로스트 · 238
- 내일　빅토리아 베넷 · 242
- 3월의 노래　윌리엄 워즈워드 · 244
- 미완성이 정상이다　이브 본푸아 · 248
- 나무들의 목소리　마르셀 베알뤼 · 250
- 메시지　자크 프레베르 · 252

13

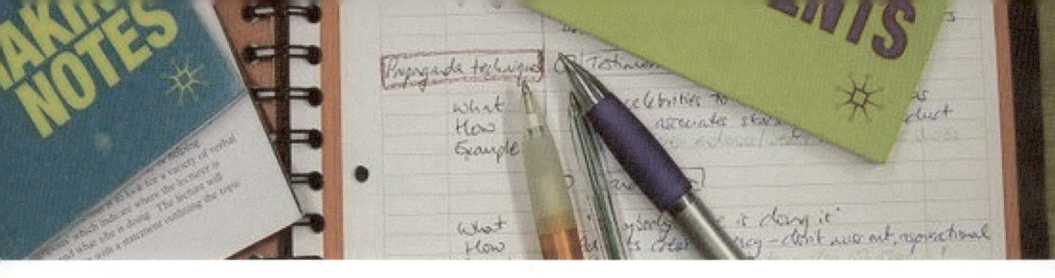

- 그리고 어떤 미소 폴 엘뤼아르 · 254
- 종소리 피에르 르베르디 · 256
- 석류들 폴 발레리 · 258
- 감각 아르튀르 랭보 · 260
- 영원히 프랑수아 코페 · 262
- 가을의 노래 샤를르 보들레르 · 264
- 아, 꽃처럼 저 버린 사람 바이런 · 266
- 여자의 마음 윌리엄 버틀러 예이츠 · 268

08. 명화

눈으로 보고,
마음으로 느끼는 것입니다

- 소크라테스의 죽음 자크루이 다비드 작(1787) · 272
- 아테네 학당 라파엘로 산치오 작(1787) · 274
- 생베르나르 고개를 넘는 나폴레옹 보나파르트 자크루이 다비드 작(1801) · 276
- 낮잠 / 한낮의 휴식 / 정오의 휴식 빈센트 반 고흐 작(1889~1890) · 280
- 낮잠 / 한낮의 휴식 / 정오의 휴식 장프랑수아 밀레 작(1866) · 282

09. 고대 7대 불가사의

정체를 알 수 없는, 수수께끼라는 의미의
불가사의보다는 경이, 경관, 유산으로 느끼다

- 기자의 대피라미드 · 286
- 바빌론의 공중정원 · 288
- 알렉산드리아의 등대 · 290
- 아르테미스 신전 · 292
- 할리카르나소스의 마우솔레움 · 294
- 올림피아의 제우스상 · 296
- 로도스의 거상 · 300

한강, 책 속에서 길어 올린
대한민국
첫 노벨문학상 수상하다

한림원은 "한강은 자신의 작품에서 역사적 트라우마와 보이지 않는 규칙에 맞서고, 각 작품에서 인간 삶의 연약함을 폭로한다."며 "그녀는 신체와 영혼, 산 자와 죽은 자 사이의 연결에 대한 독특한 인식을 가지고 있으며, 시적이고 실험적인 스타일로 현대 산문의 혁신가가 되었다."고 평가했다. 노벨 문학위원회 위원인 스웨덴 소설가 '안나-카린 팜'은 한강에 대해 "부드럽고 잔인하며 때로는 약간 초현실적인 강렬한 서정적 산문을 쓴다."고 했다.

안데르스 올손 스웨덴 한림원 노벨위원회 위원장은 『소년이 온다』와 『작별하지 않는다』를 비중 있게 소개했다.

1980년 광주를 배경으로 한 『소년이 온다』에 대해서는 "역사 속 피해자들에게 목소리를 부여함으로써 증인 문학(witness literature)이라는 장르에 접근해 간다."고 했다. 응어리 맺힌 한恨을 건드려 해소하는 살풀이적 성격이 짙다는 것이다. "한강의 스타일은 간결하지만, 우리의 기대에서는 벗어난다. 죽은 자의 영혼을 몸에서 분리해 자신의 소멸을 목격할 수 있도록 한다. 묻히지 못하는 신원 미상의 시체를 보는 것은 소포클레스의 안티고네 모티브로까지 거슬러 올라간다."고 했다.

한강을 세계적인 작가 반열에 올린 작품은 2007년 작 장편소설 『채식주의자』다. 격렬한 꿈에 시달리다 육식을 거부하게 되면서 스스로 나무가 되어간다고 믿는 여성 영혜가 주인공이다. 어린 시절 트라우마로 거식증을 앓는 영혜를 둘러싼 인물(남편, 형부, 언니)의 시선에서

 노벨 문학위원회 위원인 스웨덴 소설가 '안나-카린 팜'은 한강에 대해 "부드럽고 잔인하며 때로는 약간 초현실적인 강렬한 서정적 산문을 쓴다."고 했다. 노벨위원회 위원장은 『소년이 온다』와 『작별하지 않는다』를 비중 있게 소개했다.

| DATE | / | / | SUN | MON | TUE | WED | THU | FRI | SAT |

펼쳐지는 세 편의 연작소설. 국내에서 100만 부 이상 판매된 베스트셀러다. 한강은 이 소설로 번역가 '데버라 스미스'와 같이 2016년 부커상 인터내셔널 부문을 수상했다. 한국 작가로는 최초다.

2021년 작 장편소설 『작별하지 않는다』는 검고 어두운 한국사의 트라우마를 더듬는 한강의 정수를 보여주는 작품이다. 제주 4 · 3의 비극을 세 여성의 시선으로 풀어냈다. 지난해 11월 프랑스의 저명한 문학상인 메디치 외국 문학상을 받았다. 1970년 만들어진 메디치상은 프랑스 4대 문학상 중 하나로, 밀란 쿤데라, 움베르토 에코, 폴 오스터, 오르한 파무크 등이 이 상을 받았다. 역시 한국 작가의 수상은 처음이었다.

지난 120여 년간 노벨문학상의 영토에서 한국은 "아시아의 변방"이었다. 일본은 가와바타 야스나리(1968), 오에 겐자부로(1994), 가즈오 이시구로(2017, 국적은 영국) 등 세 수상자를 배출했고, 중국은 가오싱젠(2000, 국적은 프랑스), 모옌(2012) 등 두 수상자를 배출했다.
노벨상 수상 뒤엔 번역가들의 힘이 컸다.

제대로 된 영어 번역서가 드물고, 일본 · 중국 등에 비해 국제사회 인지도가 낮기 때문이라는 것이 문단과 출판계의 중론이었다. 그 "번역의 장벽"은 지난 2016년 당시 28세로 한국어를 공부한 지 6년 만에 『채식주의자』를 영역해 한강과 함께 맨부커상을 공동 수상한 영국인 번역가 '데버라 스미스'는 "대학을 졸업할 때까지 한국문학은커녕, 한식을 먹어본 적도, 한국인을 만난 적도 없었지만 한국이 상대적으로 부유한 선진국인 것으로 보아 한국 문학계가 활발할 것으로 짐작해 한국문학 번역가가 되기로 했다."고 밝혔다.

2017년 『소년이 온다』로 이탈리아 말라파르테 문학상을 받았고, 2018년엔 '스미스'가 번역한 소설 『흰』으로 다시 맨부커상 최종심 후보에 올랐다. 장편 『작별하지 않는다』로 프랑스 4대 문학상 중 하나인 메디치상을 받았다. 『작별하지 않는다』를 펴낸 프랑스 출판사 '그라세의 조아킴 슈네프' 편집자는 "언젠가 한강이 노벨상을 받을 거라고 확신은 했지만, 오늘이 그날이 될 거라곤 생각하지 못했다."고 밝혔다.

 영국인 번역가 '데버라 스미스'는 "대학을 졸업할 때까지 한국문학은커녕, 한식을 먹어본 적도, 한국인을 만난 적도 없었지만 한국이 상대적으로 부유한 선진국인 것으로 보아 한국 문학계가 활발할 것으로 짐작해 한국문학 번역가가 되기로 했다"고 밝혔다.

DATE   /   /   /   SUN   MON   TUE   WED   THU   FRI   SAT

노벨상 시상식에서
한림원 위원 '엘렌 맛손'의
한강 작가 소개 전문

2024년 12월 10일 노벨상 시상식에서 '엘렌 맛손'은 한강을 소개했다. 한강의 글에서는 하양과 빨강, 두 색이 만납니다. 흰색은 그녀의 많은 작품에 내리는 눈이자, 서술자와 세계를 구분 짓는 방어막 같은 커튼입니다. 동시에 슬픔, 그리고 죽음입니다. 빨강은 삶을 대변합니다. 그러나 고통, 피, 칼로 깊게 베인 상처이기도 합니다. 그녀의 목소리는 매혹적으로 부드럽지만, 형언할 수 없는 잔혹함, 돌이킬 수 없는 상실에 대해 이야기합니다. 학살이 끝나고 켜켜이 쌓인 시체에서는 피가 흘러나오고, 짙어지며, 호소하고, 질문합니다. 글이 답을 하지도, 무시할 수도 없는 것을요. '우리는 죽은 자, 강탈된 자, 사라진 자들과 어떻게 관계해야 하는가? 우리는 그들을 위해 무엇을 할 수 있는가? 우리는 그들에게 무엇을 빚지는가?' 흰과 빨강은 한강이 그녀의 소설을 통해 되짚는 역사적 경험을 상징합니다.

2021년 작 '작별하지 않는다'에서 눈[雪]은 산 자와 죽은 자, 그리고 그 사이 아직 어느 쪽에도 속하지 않는 떠다니는 것들이 만나는 장소를 만듭니다. 소설은 눈보라 속에서 전개되며, 기억을 조합하는 과정에서 서술적 자아는 시간의 층을 미끄러지듯이 지나갑니다. 죽은 자들의 그림자와 상호작용하며, 그들의 지식을 배우면서요. 왜냐하면 기억한다는 것은, 감당하기 어려울지라도, 결국 지식과 진실을 추구하는 것이기 때문입니다.

엘렌 맛손(Ellen Mattson, 1962년 9월 22일-)은 스웨덴의 작가이다. 그녀의 첫 번째 영어 번역 작품은 2001년에 출간된 『스노우(*Snow*)』로, 18세기 초를 배경으로 한 역사 소설이다. 그녀는 1998년 스벤스카 다그블라데트 문학상, 2009년 도블로 상, 2011년 셀마 라겔뢰프 상 등 여러 문학상을 수상했다.

DATE   /   /   /   SUN   MON   TUE   WED   THU   FRI   SAT

어느 한 강렬한 기억에서, 한 친구는 물리적인 몸이 머나먼 곳의 병실에 묶여 있음에도, 서가에서 자료 담긴 상자를 꺼내 한 문서를 찾아내고, 역사의 모자이크에 조각을 더합니다. 꿈은 현실로 넘쳐흐르고, 과거는 현재가 됩니다. 경계가 허물어지는 이러한 전환은 한강의 소설에서 반복됩니다. 인물들은 방해받지 않고 돌아다니고, 그들의 더듬이는 신호를 포착하고 해석하기 위해 양방향을 향합니다. 그들이 목격하는 것으로 인해 무너지더라도요. 마음의 평화를 대가로 치르는 것입니다. 그럼에도 그들은 필요한 힘을 붙잡고 앞으로 나아갑니다. 망각은 절대 목표일 수 없습니다.

'누가 나를 죽였을까?' 살해당한 남자아이의 영혼이 묻습니다. 그를 삶에 묶어두었던 얼굴의 특징들이 흐려지고 사라질 때예요. 생존자의 질문은 다릅니다. '나를 고통으로만 이끄는 이 몸과 어떻게 살아갈 수 있을까? 고문으로 인해 단지 피 흘리는 물건이 돼버린 이 몸을 어떻게 되찾을 수 있을까?' 그러나 몸이 포기한다 할지라도, 영혼은 끊임없이 말합니다. 영혼이 지칠 때, 몸은 계속해서 걷습니다. 우리 내면 깊은 곳에는 완고한 저항이 자리하고, 말보다 강한 고집이, 기억해야 한다는 필요가 있습니다. 다시 한번 강조하지만, 망각은 목표가 아니고, 그것은 가능하지도 않습니다.

한강의 세계에서 인물들은 상처 입고, 부서질 듯하고, 어떤 면에서는 연약합니다. 그러나 다시 한 발 내딛거나, 또 다른 질문을 던지거나, 또 다른 기록을 요구하거나, 혹은 또 다른 생존자를 인터뷰하기 위해 딱 필요한 만큼의 올바른 힘을 갖고 있습니다. 빛이 희미해지고, 죽은 자의 그림자가 벽에 계속 어른거립니다. 아무것도 그냥 지나가지 않습니다. 아무것도 그냥 끝나지 않습니다.

친애하는 한강, 스웨덴 한림원을 대표해 따뜻한 축하를 전할 수 있어 영광입니다.

엘렌 맛손은 2019년 스웨덴 한림원 종신위원으로 선출됐다. 이후 노벨문학상 후보자 선정과 심사에 참여하고 있다. 2021년 노벨문학상 수상자인 탄자니아 출신 영국 소설가 압둘라자크 구르나의 시상 연설을 맡기도 했다.

DATE	/	/	/	SUN	MON	TUE	WED	THU	FRI	SAT

영화, 기억에 남을 만한 순간들은 영원히 우리와 함께 합니다.

영화 속 한 장면, 시 한 구절, 노래 한 소절이 우리의 가슴을 울리고 삶을 바꾸는 순간이 있습니다. 셰익스피어, 예이츠, 괴테 같은 거장들은 단순한 감정 표현을 넘어, 시대를 초월해 우리의 삶을 뒤흔드는 메시지를 전달합니다. 이 필사본에서 그들의 영혼과 만나는 순간, 당신은 더 이상 예전의 자신이 아니게 될 것입니다.

01
영화

- 돌과 낙엽
- 오늘을 붙잡아라, 소년들. 너희 삶을 비범하게 만들어라.
- 내가 숨 쉴 공기와 스케치북 한 권이면 충분하죠.
- 서둘러 사느냐, 서둘러 죽느냐
- 꼭 살아 돌아가, 우리 몫까지 값지게 살아

돌과
낙엽
영화 「지니어스」 중에서 - 천재 작가와 천재 편집장의 만남

돌과

낙엽과

문

발견되지 않은 문

그리고 잊혀진 모든 얼굴들
우리 중 누구라도 자신의 형제를 신경 쓴 적 있는가?
우리 중 누구가 자신의 아버지 가슴속을 들여다본 적이 있는가?
우리 중 누구라도 영원히 감옥에 갇히지 않은 자가 있는가?
우리 중 누구라도 영원한 방랑자이자 혼자이지 않은 자가 있는가?
소리 없이 되뇌이며 우리는 위대한 잊혀진 언어를 찾아간다.
잃어버린 천국으로의 길의 끝

돌과, 낙엽과, 발견되지 않은 문
언제? 어디서?

'어니스트 헤밍웨이'를 길들이고 '스콧 피츠제럴드'를 조력한 최고의 편집자 '맥스 퍼킨스', 야수 같은 천재 작가 '토마스 울프'를 만났다. 1929년 뉴욕의 유력 출판사 스크라이브너스의 최고 실력자 '퍼킨스'(콜린 퍼스)는 우연히 모든 출판사에서 거절당한 작가 '울프'(주드 로)의 원고를 읽게 된다.

DATE   /   / | SUN   MON   TUE   WED   THU   FRI   SAT

아아 잃어버렸구나.
바람의 슬픔을 뒤로한 채 유령이 돌아왔구나

수탉의 자랑스런 산호빛 울음을 넘어 언덕에 기거하며…
우리를 빼내서 벌거숭이를 만드는구나.

그리고 다시 밤이 찾아온다.
어제 텍사스에서 끝나버린 사랑과도 같은.
아아 사람을 돌로 만드는 삶안의 죽음.
신 아래의 영역으로 우리를 끌어들이는구나.

토마스 울프

토마스 울프(1900년 10월 3일 ~ 1938년 9월 15일)는 미국의 소설가다. 자신이 직접 겪은 생활을 소설의 소재로 많이 다루었다. 명편집자 맥스웰 퍼킨스의 눈에 띄어 1929년 첫 소설 『천사여, 고향을 돌아보라』를 스크리브너스 앤드 선스 출판사에서 출간한다. 어니스트 헤밍웨이, 스콧 피츠제럴드와 함께 '퍼킨스의 세아들' 가운데 한사람이다. 이야기는 마이클 그랜디지 감독에 의해 영화 〈지니어스〉(2016)로 만들어졌다. 작품으로 『천사여, 고향을 돌아보라』, 『시간과 강에 대하여』, 『그대 다시는 고향에 돌아가지 못하리』, 『저 언덕 너머』 등이 있다. 1938년 9월 15일 폐렴으로 짧은 삶을 마감했다.

맥스 퍼킨스

윌리엄 맥스웰 에바트 "맥스" 퍼킨스(1884년 9월 20일~1947년 6월 17일)는 어니스트 헤밍웨이, F. 스콧 피츠제럴드, 마조리 키넌 롤링스, 토마스 울프 등의 작가를 발굴한것으로 가장 잘 기억되는 미국의 도서 편집자이다. 엄청난 투쟁 끝에 퍼킨스는 울프에게 그의 첫 번째 소설 『고향을 바라봐, 천사』(1929)에서 90,000단어를 줄이도록 유도했다. 울프는 퍼킨스와 수많은 싸움 끝에 스크리브너스를 떠났다. 그럼에도 불구하고 퍼킨스는 1938년 울프가 일찍 사망한 후 울프의 문학적 집행자로 일했으며 울프에 의해 그의 가장 가까운 친구로 간주되었다.

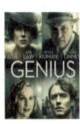
방대하지만 소용돌이와 같은 문체를 가진 그의 필력에 반한 '퍼킨스'는 '울프'에게 출판을 제안한다. 서정적이고 세련된 '울프'의 감성에 냉철하고 완벽주의적인 '퍼킨스'의 열정이 더해져 탄생한 데뷔작 『천사여, 고향을 보라』는 출간과 동시에 베스트셀러에 오르며 또 하나의 천재 작가 탄생을 세상에 알렸다.

DATE / / / 　SUN　MON　TUE　WED　THU　FRI　SAT

오늘을 붙잡아라, 소년들 …
너희 삶을 비범하게 만들어라
영화「죽은 시인의 사회」중에서

엄격한 규율과 전통을 중시하는 웰튼 아카데미는 학생들에게 철저한 학문적 성취를 강요한다.

이 학교에 새로운 영어 교사로 존 키팅(로빈 윌리엄스)이 부임한다.

"오 캡틴, 나의 캡틴"

미국 입시 명문고 웰튼 아카데미, 공부가 인생의 전부인 학생들이 아이비 리그로 가기 위해 고군분투하는 곳.

새로 부임한 영어 교사 '존 키팅'은 자신을 선생님이 아닌 "오, 캡틴, 나의 캡틴"이라 불러도 좋다고 말하며 독특한 수업 방식으로 학생들에게 충격을 안겨 준다.

점차 그를 따르게 된 학생들은 공부보다 중요한 인생의 의미를 하나씩 알아가고 새로운 도전을 시작한다.

하지만 이를 위기로 여긴 다른 어른들은 이들의 용기 있는 도전을 시간 낭비와 반항으로 단정지으며 그 책임을 '키팅' 선생님에게 전가하는데…

엄격한 아버지는 닐이 의사가 되길 원하며, 그의 꿈을 강하게 반대한다. 결국 닐은 큰 갈등 속에서 그날 밤 비극적인 선택을 하게 됩니다. 닐의 죽음 이후 학교 측은 키팅을 희생양으로 삼아 그를 해고하려 한다.

 **《죽은 시인의 사회》**는 1989년 공개된 미국의 드라마 영화이다. 피터 위어가 감독, 로빈 윌리엄스가 주연을 맡았다. 1959년을 배경으로 보수적인 남자사립학교인 웰튼 아카데미에 국어 선생님이 부임하는데, 시와 문학을 가르치면서 틀에 박힌 삶을 강요받는 학생들에게 영감을 준다는 이야기이다.

DATE   /   /   /   SUN   MON   TUE   WED   THU   FRI   SAT

학생들은 이에 반발하지만, 학교의 압력으로 인해 어쩔 수 없이 서명을 하게 된다.
　마지막으로 키팅이 교실을 떠날 때, 토드와 몇몇 학생들은 책상 위에 올라가 "오 캡틴, 마이 캡틴"을 외치며 그에게 경의를 표한다.
　"카르페 디엠. 오늘을 붙잡아라, 소년들. 너희 삶을 비범하게 만들어라."
　"누가 뭐라고 하든, 단어와 아이디어는 세상을 바꿀 수 있다."
　"우리는 시를 귀여워서 읽고 쓰는 게 아니다."
　"우리는 인간이기 때문에 시를 읽고 쓰는 것이다. 그리고 인간은 열정으로 가득 차 있다."
　"인생의 골수를 빨아먹는다고 해서 뼈에 걸리라는 것은 아니다."
　"강력한 연극은 계속되고, 너는 한 소절을 더할 수 있다. 너의 소절은 무엇이 될 것인가?"

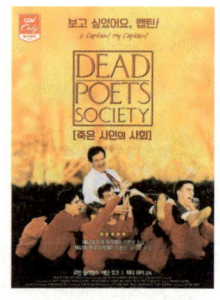

 **《죽은 시인의 사회》**는 1959년 버몬트의 성공회 귀족 학교 분위기가 물씬 풍기는 사립학교에서 벌어지는 일련의 교육 활동을 주 소재로 하고 있으며, 사실 이런 내용은 이 영화의 각본가 톰 슐만의 자전적인 경험을 바탕으로 하고 있다.

DATE   /   /   /   SUN   MON   TUE   WED   THU   FRI   SAT

내가 숨 쉴 공기와
스케치북 한 권이면 충분하죠
영화 「타이타닉」중에서

자살할 뻔한 로즈를 구해준 댓가로 식사에 초대받은 잭은 부자들이 "사는 집은 어디 있느냐."며 은근히 멸시하는 태도를 보이자 자기 삶의 태도에 관해 이렇게 일갈합니다. "내가 숨 쉴 공기와 스케치북 한 권이면 충분하죠. 무슨 일이 일어날지 알 수 없는 아침에 일어나는 것이 나는 좋습니다. 다리 밑에서 잠들 때가 있는가 하면, 지금은 세상에서 가장 큰 배에서 이렇게 멋진 사람들과 샴페인을 마시기도 하구요. 어느 누구도 앞일을 모르니까 지금 자신에게 다가오는 모든 것들을 그대로 받아들이는 법을 배워야 하죠. 매 순간을 소중하게."

삶에 대한 예지가 묻어난 이런 대사도 훌륭하지만 관객 가슴에 오래도록 여운을 남기는 건 로맨틱한 대목의 대사들입니다. 잭에게 끌리면서도 갈등하는 로즈에게 잭이 뱉어내는 "로즈, 넌 갇혔어. 그리고 네가 빠져나오지 않는다면 넌 죽어버릴거야. 그럼 내가 그토록 사랑하는 네 안의 불도 결국은 다 타서 남아나지 않을거야"라는 대사도 귓전에 남는 말입니다.

뭐니뭐니해도 최고의 명대사는 타이타닉의 침몰 직후, 잭과 로즈가 그 차가운 고립무원의 북대서양 한복판 얼음물에서 죽음과 싸우는 대목에서 나옵니다. 뼛속까지 시릴 것 같은 물에 몸을 담근 쪽은 잭인데, 그는 널빤지에 올라 추위에

 **《타이타닉》** 제임스 카메론의 1997년 영화이다. 제목 그대로 가장 유명한 타이타닉호의 침몰 사고를 바탕으로, 두 남녀의 절절한 로맨스 스토리를 그린 작품이다. 상영 시간이 194분으로 상당히 긴 축에 속해, VHS 비디오로는 상하 편으로 나눠서 발매해야 했을 정도였다.

DATE / /	SUN	MON	TUE	WED	THU	FRI	SAT

떠는 로즈에게 "죽지 마"라며 허연 입김과 함께 가슴 속 단어들을 토해냅니다. "로즈, 넌 여기서 살아 남아 집에 돌아가야 해. 결혼해서 예쁜 아이들도 많이 낳아 자라는 것도 보고 세월 흐르면 늙고 병들어 침대 안에서 죽겠지만 지금 여기는 아냐! … 로즈, 타이타닉 표를 구한 건 내 생애 최대 행운이었어. 너를 만났으니까. 정말 감사해. 약속해 줘. 절대 포기하지 않을 거라고. 어떤 일이 생겨도, 어떤 시련이 닥쳐도…."

만난 지 며칠 되지도 않았지만 인생 모두를 걸 만큼 사랑하고 있다는 걸 절절하게 느끼게 해주는 명대사입니다.

 우연한 기회로 티켓을 구해 타이타닉호에 올라탄 자유로운 영혼을 가진 화가 잭(레오나르도 디카프리오)은 막강한 재력을 가진 약혼자와 함께 특등실에 승선한 로즈(케이트 윈슬렛)에게 한 눈에 반한다. 진실한 사랑을 꿈꾸던 로즈 또한 생애 처음 황홀한 감정에 휩싸이고, 둘은 운명 같은 사랑에 빠지는데…

DATE / / / SUN MON TUE WED THU FRI SAT

서둘러 사느냐, 서둘러 죽느냐
두려움은 너를 죄수로 가두고
희망은 너를 자유롭게 하리라
영화 「쇼생크 탈출」 중에서

본 작품의 원작이라 할 수 있는 중편 소설의 제목(원제)은 스티븐 킹이 1982년에 집필한 『리타 헤이워스와 쇼생크 탈출』이다. 어쨌든 『사계(Different Seasons)』라는 네 편의 중편이 묶인 중편집에서 "봄"에 해당하는 작품이다.

"희망은 좋은 겁니다. 아마 가장 좋은 것일지도 몰라요. 그리고 좋은 건 절대 사라지지 않아요."

"서둘러 사느냐, 서둘러 죽느냐."

"두려움은 너를 죄수로 가두고 희망은 너를 자유롭게 하리라."

촉망받던 은행 부지점장 '앤디'는 아내와 그 애인을 살해한 혐의로 종신형에 선고 두 번의 종신형을 받고 쇼생크 교도소에 수감된다. 강력범들이 수감된 이곳에서 재소자들은 짐승 취급당하고, 혹여 간수 눈에 잘못 보였다가는 개죽음 당하기 십상이다. 처음엔 적응 못하던 '앤디'는 교도소 내 모든 물건을 구해주는 '레드'와 친해지며 교도소 생활에 적응하려 하지만, 악질 재소자에게 걸려 강간까지 당한다.

그러던 어느 날, 간수장의 세금 면제를 도와주며 간수들의 비공식 회계사로 일하게 되고, 마침내는 소장의 검은돈까지 관리해 주게 된다. 덕분에 교도소 내

《쇼생크 탈출》 은 악명 높은 감옥 쇼생크에 억울하게 수감되어 19년이라는 세월을 견디다 마침내 탈옥에 성공하는 한 남자의 이야기를 다룬 이 영화는 엄청난 카타르시스를 전해 준다. 원작은 공포와 스릴러의 대가 스티븐 킹이 쓴 베스트셀러 『사계』에 수록된 '리타 헤이워드와 쇼생크 탈출'이다.

DATE   /   /   SUN   MON   TUE   WED   THU   FRI   SAT

도서관을 열 수 있게 되었을 무렵, 신참내기 '토미'로부터 '앤디'의 무죄를 입증할 기회를 얻지만, 노튼 소장은 '앤디'를 독방에 가두고 '토미'를 무참히 죽여버리는데….

편지는 레드가 감옥을 나와 그곳을 찾아올 것을 예상한 앤디가 탈옥 후 남긴 것이었다. 그와 함께 있는 건 여비로 쓸 현금이 든 봉투였다. 이에 레드는 가석방 주거지를 이탈하여 국경을 건너 멕시코로 떠난다. 이 장면에서 레드도 브룩스와 같이 "나 하나 사라진다고 소란을 피우진 않겠지. 늙은 도둑놈 하나쯤이야"라는 대사를 하는데, 같은 대사여도 희망 없이 죽음을 택한 브룩스와 앤디를 만나겠다는 희망을 가진 레드와는 그 의미에 차이가 난다. 앞에서 브룩스도 비슷한 말을 했지만 브룩스는 옷을 차려입고 가방을 챙긴 뒤 자살을 한 것과 달리 레드는 똑같이 나같은 가석방자 하나 없어진다고 난리치지 않을 거라며 옷을 차려입고 가방을 싸고는 그와 달리 정말로 여행을 떠나 브룩스와 레드 둘이 대비되는 모습이 명장면이다. "바쁘게 살든지, 아님 서둘러 죽든지…." "정말이지 맞는 말이야."

나는 지금 내 일생에서 두 번째 범죄를 저질렀다. '주거 제한 지역 이탈죄'다. '이제 나 같은 늙은이가 어딜 가든 검문받을 일도 없겠지만…' 친구 생각에 너무 흥분돼서 엉덩이를 자리에 붙이고 있는 게 힘들었다. '이것이 바로 자유로운 사람이 느낄 수 있는 기쁨이리라.' (희망을 찾아서) 결말이 정해지지 않은 긴 여행을 떠나는 자유로운 사람. 부디 국경을 무사히 넘기를 희망한다. '나의 친구를 만나 따뜻한 악수를 할 수 있기를 희망한다.' '태평양이 내 꿈에서처럼 푸르름으로 가득하기를 희망한다.' "나는 희망한다." 앤디가 말한 '멕시코 바닷가'에 도착한 레드는 낡은 보트를 수리하던 앤디와 감격적으로 재회하며 두 사람의 이야기가 끝난다.

 《쇼생크 탈출》에서 레드는 앤디를 통해 그의 내부에 잠자고 있던 희망과 자유에의 의지를 다시 느낀다. 레드는 이전까지 길들여져 있던 자신을 버리고 제도와 억압으로부터 서서히 자유로워진다. 세 번째 가석방 심사에서 그가 보인 초연한 자세에서 레드의 변화된 모습을 엿볼 수 있다.

| DATE / / | SUN | MON | TUE | WED | THU | FRI | SAT |

꼭 살아 돌아가,
우리 몫까지 값지게 살아
Earn this, earn it
영화 「라이언 일병 구하기」 중에서

영화 〈라이언 일병 구하기〉는 제2차 세계대전 당시 프레더릭 닐런드 병장의 실화를 바탕으로 만들어졌다. 전쟁의 참혹함과 인간적 갈등을 사실적으로 그려낸 걸작으로 스티븐 스필버그 감독의 정교한 연출과 톰 행크스를 비롯한 배우들의 뛰어난 연기력으로 유명하다.

영화는 1944년 노르망디 상륙작전을 묘사한 초반 20분의 전투 장면이 역사상 가장 사실적이고 충격적인 전쟁 장면 중 하나로 평가받으며, 관객을 전쟁 한복판에 던져 놓는 듯한 압도적인 몰입감을 보여준다.

전쟁의 비인간성과 인간성을 동시에 탐구하며, 전투의 잔혹함 속에서 소대원들이 보여주는 용기와 희생을 통해 인간 본연의 존엄성을 나타낸다. 또한, 한 사람을 구하기 위해 많은 희생이 뒤따르는 과정에서 개인의 생명이 얼마나 소중한지, 그리고 전쟁의 희생이 무엇을 의미하는지에 대해 깊이 성찰하게 만들며, 전쟁 영화 장르에 새로운 기준을 제시하고 있다.

영화는 밀러 대위와 그의 소대는 라이언 일병을 찾기 위해 프랑스 내 적진 깊숙이 들어갑니다. 이 과정에서 소대는 다양한 고난과 전투를 겪으며 라이언의 행

《라이언 일병 구하기》는 스티븐 스필버그 감독의 작품으로 전쟁 영화의 새로운 기준을 세웠다는 평가를 받으며, 당시와 현재까지도 전쟁 영화 중 최고의 작품 중 하나로 꼽힌다. 톰 행크스의 뛰어난 연기와 스필버그의 연출은 영화 팬과 비평가들로부터 큰 찬사를 받았다.

DATE / / | SUN | MON | TUE | WED | THU | FRI | SAT

방을 추적한다. 그들은 프랑스의 한 마을 교회에서 잠시 머물며 병사들 간의 사적인 대화가 오가고, 각자 전쟁에 대한 생각과 집에 대한 그리움을 털어놓는다. 하지만 곧 이어지는 전투에서 의무병 어윈 웨이드가 중상을 입고 죽게 됩니다. 이 사건으로 인해 병사들은 라이언을 구하는 임무에 대해 회의감을 느낀다. 누군가의 생명을 구하기 위해 또 다른 누군가의 생명을 희생하는 것이 과연 옳은지에 대해 의문을 품게 된다.

밀러 대위는 끝까지 임무를 포기하지 않고, 라이언을 찾아 계속 전진한다. 이 과정에서 그들은 또 다른 미군 부대와 만나 라이언 일병이 프랑스의 한 작은 마을에 주둔한 부대에서 다리를 방어하고 있다는 사실을 알게 된다.

밀러 대위와 소대는 마침내 라이언 일병을 찾아내지만, 라이언은 세 형이 전사했다는 소식을 듣고도 쉽게 귀환을 결정하지 않는다. 그는 자신이 맡은 다리 방어 임무를 포기할 수 없다고 말하며, 동료 병사들을 남기고 갈 수 없다고 주장한다. 밀러 대위는 라이언을 설득하지만, 라이언의 신념은 확고하고 결국 밀러와 그의 소대는 라이언과 함께 마을의 다리를 방어하기 위해 전투에 참여하기로 결정한다.

독일군의 공격은 매우 강력하고, 병사들은 하나둘씩 목숨을 잃는다. 저격수 잭슨 병장은 교회 탑에서 독일군을 저격하다가 전차 포격에 의해 사망하고, 스탠리 멜리시 병장 역시 근접전에서 적과의 싸움 중 비극적으로 죽음을 맞는다. 호바스 중사 역시 전투 도중 부상을 입고 사망한다.

전투가 절정에 달했을 때, 밀러 대위는 독일군의 탱크를 저지하기 위해 다리로 향한다. 그러나 그 과정에서 그는 독일군의 총에 맞고 치명상을 입는다. 다리

 **《라이언 일병 구하기》** 는 1944년 6월 6일, 제2차 세계대전 중 노르망디 상륙작전이 벌어진다. 영화는 오마하 해변에서 미군이 상륙하는 장면으로 시작한다. 이 장면은 역사적으로 매우 사실적으로 묘사된다.

DATE   /   /   /   SUN   MON   TUE   WED   THU   FRI   SAT

가 무너질 순간에 가까워졌을 때, 미군 폭격기와 지원군이 도착하고, 독일군은 후퇴하기 시작한다. 밀러 대위는 이미 중상을 입고 쓰러지면서 마지막으로 라이언 일병에게 가까이 다가가 라이언에게 자신과 동료들이 희생을 치른 만큼, 앞으로의 삶을 가치 있게 살라는 의미로 "꼭 살아 돌아가, 우리 몫까지 값지게 살아(Eam this, earn it)."라고 유언을 남기며 밀러는 라이언 앞에서 숨을 거둔다.

　영화는 다시 노년의 라이언 일병은 가족과 함께 밀러 대위의 묘비 앞에서 그는 밀러가 남긴 유언을 가슴 깊이 새기며, 평생 그 유언에 부끄럽지 않게 살기 위해 노력했다고 말한다. 라이언은 밀러 대위의 희생을 기리며, 그의 무덤 앞에서 눈물을 흘리며 끝을 맺는다.

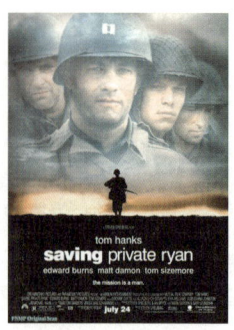

 1990년대 말 현재 시점에서 제임스 라이언(맷 데이먼 분)이 노르망디의 미군 전몰자 묘지에서 묘비를 방문하는 장면으로 시작된다. 그는 밀러 대위의 묘 앞에 서서 감정이 북받쳐 무릎을 꿇는다. 이 장면은 과거의 회상으로 이어지며, 영화의 주된 이야기가 펼쳐진다.

음악은 언어를 초월한 예술입니다.

휘트니 휴스턴, 비욘세, 이글스의 목소리는 단순한 멜로디가 아닙니다. 그 속에는 시대의 고뇌와 기쁨, 개인의 아픔과 희망이 담겨 있습니다. 그들의 노래를 필사하는 순간, 당신은 그들의 심장을 꿰뚫고, 그들이 살아온 세상을 함께 느끼게 될 것입니다. 글자로 새긴 그들의 목소리는 우리의 영혼을 울릴 준비가 되어 있습니다.

02
음악

- Anson Seabra : Trying My Best
- Radio Ga Ga
- Listen
- Evergreen
- Hotel California
- I will always love you

Anson Seabra : Trying My Best
최선을 다하고 있어요
최선을 다하지만 매일 너무 힘들어요
알레시아 카라(Alessia Cara, 1996~) 노래

제가 모든 걸 알고 있다고 당신이 생각하는 거 알아요
공상에 빠진 것처럼 걷고 있지만
저는 그저 머릿속 생각들에 사로잡힌 소년인걸요
나를 부정하며 살아온 모든 시간과
제가 겪은 고통을 당신이 볼 수 있었으면 좋겠어요

제가 항상 행복하지만은 않다는 걸 당신이 알아줬으면 좋겠어요
어디로 가야 완벽한 길인지 저는 모르겠어요
하지만 저는 알아요

제가 최선을 다하고 있다는 것을요
괜찮아지기 위해 최선을 다하고 있어요
최선을 다하지만 매일 너무 힘이 드네요

알레시아 카라는 이탈리아 이민자의 자녀로 태어난 알레시아 카라는 13살 때부터 노라 존스, 리아나의 곡을 커버한 것이 인기를 끌면서 데뷔 전부터 지역의 스타로 통하고 있었다. 첫 싱글 Here을 발매했다. 캐나다의 R&B 싱어송라이터 · 방송인 · 배우 · 성우 · 음악가 · 작가이다.

DATE   /   / | SUN | MON | TUE | WED | THU | FRI | SAT

Radio Ga Ga
라디오 가가
프레디 머큐리(Freddie Mercury, 1946~1991) 노래

난 홀로 앉아 네 빛을 보았어
어린 시절 밤마다 함께 있었던 유일한 친구
그리고 내가 아는 모든 것들은
내 라디오에서 들었지

너는 옛날 스타들의 이야기와
화성인들의 침략으로 시작된 우주 전쟁 이야기를 들려주었지
넌 우리를 웃게 하고, 넌 우리를 울게 했어
넌 우리가 날 수 있는 것 같이 느끼게 만들었지
(라디오)

그러니 그저 배경음으로만 남지 말아 줘
아이들의 배경음악이 되지 말아 줘
그들은 널 모르거나 신경 쓰지 않고
네가 없을 때는 불평만 늘어놓으니까

 **프레디 머큐리**는 탄자니아 잔지바르에서 태어난 영국의 음악가이자 음악 프로듀서이다. 퀸의 리드 보컬로서 4옥타브를 넘나드는 화려한 보컬이 압권이며 특유의 무대 장악력과 퍼포먼스로 록 역사상 최고의 보컬워크(Vocal Work)를 남긴 아티스트 중 한 명으로 손꼽힌다.

DATE	/	/	SUN	MON	TUE	WED	THU	FRI	SAT

전성기가 있었고, 넌 힘이 있었어
하지만 네 최고의 순간은 아직 오지 않았지
라디오야

지금 들리는 건 오직 라디오 가가
라디오 구구, 라디오 가가

지금 들리는 건 오직 라디오 가가
라디오 블라블라
라디오, 라디오, 잘 지내?
라디오, 누군가는 여전히 너를 사랑해

우리는 쇼를 보고, 우리는 스타들을 보지
비디오를 틀고, 하루 종일
우리는 귀를 쓸 일이 거의 없어
해가 지나면서 음악이 어떻게 변해 왔는지

네가 떠나지 않길 바라자, 옛 친구여
우리가 네게서 의지하는 좋은 것들이 많아

 **프레디 머큐리**는 폭발적인 가창력과 록 음악 역사상 최고의 보컬리스트 중 한 명이다. 레디 머큐리는 로버트 플랜트, 로니 제임스 디오 등과 더불어 가창력 부문에서 본좌급에 위치해 있는 아티스트이다. 프레디 머큐리가 록 음악의 역사에서 가장 폭넓은 소화 능력을 보유한 보컬이라는 사실이다.

DATE   /   /   /   SUN   MON   TUE   WED   THU   FRI   SAT

그러니 옆에 있어 줘, 네가 그리워질 수도 있으니까
우리가 저 영상들이 지루해질 때

넌 전성기가 있었고, 넌 힘이 있었어
하지만 네 최고의 순간은 아직 오지 않았지
라디오야~

지금 들리는 건 오직 라디오 가가
라디오 구구, 라디오 가가
지금 들리는 건 오직 라디오 가가
라디오 블라블라
라디오, 잘 지내?
누군가는 여전히 너를 사랑해

라디오 가가, 라디오 가가, 라디오 가가, 라디오야~

넌 전성기가 있었고, 넌 힘이 있었어
하지만 네 최고의 순간은 아직 오지 않았지

라디오

 **프레디 머큐리**는 1991년 11월 22일 자신이 에이즈 투병 중이라는 사실을 언론에 공개하였고, 에이즈와의 투쟁에 동참해 줄 것을 호소한 지 하루 뒤 11월 24일 자신의 집에서 폐렴 등의 합병증으로 45세 나이에 세상을 떠났다.

DATE / / / SUN MON TUE WED THU FRI SAT

Listen
들어주세요
비욘세(Beyonc, 1981~) 노래

들어봐, 내 마음속에서 있는 노래를

내가 멜로디를 시작했지만 끝마칠 수 없어

들어봐, 깊은 곳에서 나오는 소리를

자유로워 질 수 있는 유일한 방법이야

내 꿈이 이루어질 시간이 왔어

그들은 내 꿈을 밀어내고 돌릴 수 없어

너가 듣지 않는다 해도 내 꿈은 이루어질거야

 **비욘세**는 미국의 가수·프로듀서·배우·패션 디자이너이다. 1990년대 인기를 끌었던 알앤비 걸 그룹 데스티니스 차일드의 리드 싱어로 데뷔했고, 이 그룹은 5,000만 장의 판매고를 올리며 미국에서 음반을 가장 많이 판 걸 그룹으로 남았다. 그래미상 다섯 부문에서 수상을 했다.

DATE   /   /   SUN   MON   TUE   WED   THU   FRI   SAT

들어봐, 난 교차로에 혼자 있어

난 집에 있는 게 아니라 나만의 공간 속에 있어

그리고 난 노력하고 노력했어 내 마음속 말들 하기위해서

이젠 난 너를 믿지 않아

넌 내가 어떤 기분인지 몰라

난 너가 만든 나, 그 이상이야

난 너가 나한테 준 목소리를 따랐었어

하지만 지금 난 나만의 것을 찾을 거야

넌 들어야 했어

내면 안에 있는 누군가의 소리를 말야

내가 오래전에 죽었다고 생각했던 누군가

나의 꿈을 듣기 위해 소리치고 있어

그들은 내 꿈을 밀어내고 돌릴 수 없어

너가 듣지 않는다 해도 내 꿈은 이루어질거야

난 어디에 속해야 될지 몰라

하지만 난 움직일거야

뒷 부문 생략

 **비욘세**는 스스로를 "현대판 여성주의자"라고 말하며, 노래는 주로 사랑·관계·일부일처제뿐만 아니라 여성의 성생활과 권한에 대해 다룬다. 무대에서 가창력과 함께 역동적이고 큰 안무 공연은 평론가들로부터 현대 대중음악계에서 최고의 가수로 평가되고 있다.

DATE   /   /   SUN   MON   TUE   WED   THU   FRI   SAT

Evergreen
상록의
수잔 잭스(Susan Jacks, 1948~   )노래

때로는 사랑이
봄에 피어나지요
그리고 여름에 피는 꽃처럼
자라날거에요
그리고는 찬바람이 불기 시작하는
겨울이 되면 시들게 될거에요

하지만 늘 푸른빛을 잃지 않고,
당신에 대한 나의 사랑처럼 늘 푸르다면
사랑은 여름에서 겨울에 이르기까지
영원할거에요

그러니 나의 손을 잡고
기쁠 때나 슬플 때나
당신은 나의 사람일거에요 라고 말해주세요

수잔 잭스는 캐나다의 여성 가수 및 작사가 겸 작곡가다. 캐나다 서스캐처원주 새스커툰에서 출생하였고, 브리티시컬럼비아주 빅토리아에서 성장하였다. 1969년 프로젝트 포크 록 음악 밴드 "파피 패밀리(Poppy Family)"의 보컬리스트로 데뷔하였고 이후 1975년 솔로 가수로 데뷔하였다.

DATE   /   /   SUN   MON   TUE   WED   THU   FRI   SAT

웃음과 눈물을 통해
우리의 사랑은
영원히 늘 푸를 거라고
온 세상에 보여주어요

여름과 겨울을 지나서도 지속될 거예요
사랑이 에버그린일 때, 에버그린일 때
당신을 향한 내 사랑처럼
늘 푸른빛을 잃지 않기 때문에,
당신에 대한 나의 사랑처럼 늘 푸르다면
사랑은 여름에서 겨울에 이르기까지
영원할 거예요

노래 배경 및 의미
Susan Jacks(수잔 잭스)의 "에버그린(Evergreen)"은 사계절의 변화를 통해 영원한 사랑의 의미를 표현한 아름다운 발라드이다. 이 노래는 사랑의 여정을 자연의 순환과 연관 지어 묘사하고 있다.
가사는 봄에 피어나는 사랑, 여름에 성장하는 사랑, 그리고 겨울에 시들어가는 사랑의 모습을 그리고 있다. 하지만 '에버그린'이라는 개념을 통해, 진정한 사랑은 계절의 변화에 관계없이 영원할 수 있다는 메시지를 전달한다.
'에버그린'은 사계절 내내 푸른 나무를 의미하며, 이는 시간과 상황의 변화에도 불구하고 변치 않는 영원한 사랑을 상징한다. 노래는 이러한 영원한 사랑이 여름과 겨울을 모두 견딜 수 있으며, 웃음과 눈물의 순간을 함께 겪어낼 수 있다고 말한다.

 **수잔 잭스**는 대한민국에서는 'Evergreen'이라는 모던 포크 블루스 팝 노래 작품의 오리지널 원곡 가수로 알려져 있다. 2022년 4월 25일 브리티시컬럼비아주 서리에서 지병인 신장질환과 관련된 질병으로 인해 세상을 떠났다

DATE   /   /   /   SUN   MON   TUE   WED   THU   FRI   SAT

Hotel California
호텔캘리포니아
이글스의 노래

'어두운 사막의 고속도로에서

내 머리에 시원한 바람이 불어

콜리타의 따뜻한 향기

공중으로 솟아오르네

저 멀리서

반짝이는 빛을 봤어

내 머리는 무거워져 갔고,

눈앞은 깜깜했어.

밤이 늦어 멈춰야만 했던거야.

그녀는 문 앞에 서 있었다.

교회의 종소리를 들었어요

그래서 혼자 생각했지

여기는 천국이 아니면 지옥일거라고.

그러자 그녀가 촛불을 켜고 길을 안내해 주었어.

복도 저편에 목소리가 들렸지.

이글스는 에어로스미스, 밴 헤일런 등과 함께 미국 내 최다 앨범 판매량 순위를 다투는 전설적인 밴드로 미국에서만 1억 장 이상, 전 세계적으로는 2억 장 이상의 음반 판매량을 기록했다.

DATE   /   /   /   SUN   MON   TUE   WED   THU   FRI   SAT

그들은 이렇게 말한 것 같아…

호텔 캘리포니아에 오신 것을 환영합니다
정말 아름다운 곳이야
(이렇게 아름다운 곳에서)
호텔 캘리포니아에 많은 방이 많습니다.
한해 중 언제라도, 당신을 위한 방은 있을 거예요.

그녀의 마음은, 티파니에 미쳐있었고,
또 벤츠 병에 걸려있었지.
그녀에겐 그녀가 친구라고 부르는 멋진, 멋진 남자들이 있었어
달콤한 여름의 땀방울 아래, 그들은 마당 뜰에서 춤을 추었지.
달콤한 여름의 땀방울 아래, 그들은 마당 뜰에서 춤을 추었지.

그래서 나도 지배인을 불러서 말했지.
"제 와인을 가져다 주세요."
그가 말했지, "1969년 이래로 우리 업소에 그런 술은 없습니다."
그리고 여전히 저 멀리서 그 목소리들이 울려오고 있어.
한밤중에 너를 깨워서,

「Hotel California」는 1970년대 미국 사회와 음악 산업에 대한 은유적인 비판을 담고 있다. 표면적으로는 신비로운 호텔에 대한 이야기지만 미국 사회의 물질주의·과도한 소비, 그리고 환상과 현실 사이의 괴리를 표현하고 있다.

DATE   /   / | SUN | MON | TUE | WED | THU | FRI | SAT

그들이 하는 말을 듣게 하도록...

호텔 캘리포니아에 오신 것을 환영합니다.
참 아름다운 곳이죠
(너무 사랑스러운 얼굴)
그들은 이곳에서 즐기며 살아간답니다
이 얼마나 놀라운 일인가요, 알리바이를 가지고 오세요.

천장에 달린 거울들,
얼음 위의 준비된 핑크빛 샴페인
그녀는 말했다.
우리는 우리의 의지로 사로잡힌 죄수들이에요.
주인장의 방에서
그들은 축제를 위해 모여있었어.
철빛 도는 칼로 찔러댔지만,
그들은 그 짐승을 죽일 수 없었지.
마지막으로 기억나는 건,
문을 향해 달리고 있었다는 거야.
돌아가는 길을 찾아야 했어
내가 전에 있던 곳을 향해서 말이야.
"진정하세요." 경비원이 말했어.

여러 장의 라이브, 컴필레이션 앨범이 있다. 컴파일레이션 앨범인 "Their Greatest Hits"는 1976년에 나온 앨범인데, "역사상 미국 내에서 가장 많이 팔린 앨범"으로 기네스북에 등재되어 있다. 이글스의 최고 명반이란 평을 듣는 "Hotel California".

| DATE | / | / | / | SUN | MON | TUE | WED | THU | FRI | SAT |

우리는 사람들을 받도록만 계획되어 있답니다.
언제든지 체크 아웃을 할 순 있겠지만,
영원히 떠나지는 못할 겁니다.

2008년 롱 로드 아웃 오브 에덴 투어(왼쪽에서 오른쪽)에서 이글스 : 글렌 프라이, 돈 헨리, 조 월시, 티머시 B. 슈미트.(그들 뒤에 드러머 스콧 F. 크라고가 있다.)

미국에서 3번째로 많이 팔린 앨범이다. 2번째는 마이클 잭슨의 <Thriller>이며 1위는 같은 밴드의 71년-75년 컴필레이션 앨범이다. <Thriller>는 전 세계적인 성공을 거뒀기 때문에 글로벌 판매량은 <Thriller>가 앞선다.

DATE   /   /   /   SUN   MON   TUE   WED   THU   FRI   SAT

I will always love you
당신을 언제나 사랑하겠어요
휘트니 휴스턴의 노래

내가 혹시라도 머무른다면

난 단지 당신 앞길에 방해만 될겁니다.

그러니 난 갈래요, 하지만 난 알아요.

내가 걷는 걸음마다 난 당신을 생각할 거라는 것을.

그리고 난 언제나 당신을 사랑할 것이라는 것을.

당신을 언제나 사랑하겠어요.

당신을, 내 사랑 당신.

쓰고 단 모든 추억들

난 그것만 가져가겠습니다.

그러니, 안녕. 제발 울지 말아요.

우리 모두 알잖아요, 난 당신이 원하는 것이 아니라는 걸.

그리고 난 당신을 사랑할 것이라는 것.

언제나 당신을 사랑할게요.

 **휘트니 휴스턴**은 1985년에 데뷔하여 현재까지도 대중음악에 영향력을 미치고 있는 위대한 아티스트이다. 마돈나와 더불어 아직 여성 가수의 저변이 넓지 않았던 1980년대에 남성 가수들에 필적할 만한 상업적 성공을 거둔 개척자적 인물이다.

DATE   /   /   / | SUN | MON | TUE | WED | THU | FRI | SAT

당신의 인생이 어렵지 않았으면 좋겠네요.
그리고 당신이 꿈꾸던 모든 것을 이루길 바래요.
그리고 당신이 즐겁고, 행복하길 빕니다.

당신 삶이 순조롭기를,
그리고 당신이 꿈꾸는 모든 걸 이루길 바래요
그리고 당신께 기쁨과 행복이 함께 하길 빌어요
언제까지나…

하지만 무엇보다도 당신이 (새로운) 사랑을 하길 바래요
당신을 언제나 사랑하겠어요
언제까지나 사랑하겠어요
내 사랑…

 **휘트니 휴스턴**은 2012년 2월 9일, 휴스턴은 클라이브 데이비스와 함께, 베벌리힐스의 베벌리 힐튼 호텔에서 그래미 전야 파티 공연 리허설 중이었던 브랜디와 모니카를 방문했다. 파티 무대에서 프라이스와 함께「Jesus Loves Me」를 노래했고, 그것이 그녀가 대중들 앞에서 한 마지막 공연이었다.

| DATE | / | / | / | SUN | MON | TUE | WED | THU | FRI | SAT |

지식은 세상을 바꿉니다.

당신은 노벨상이 살아 있는 사람에게만 주어지지만 죽어서 받은 이가 있다는 사실을 알고 있습니까? 히틀러가 독일을 지배할 수 있었던 역사적 이유를 파헤쳐 본 적 있습니까? 이 필사본에 담긴 깨알 지식은 당신의 호기심을 불러일으키고, 세상을 더 넓고 깊게 보는 눈을 열어 줄 것입니다.

03
지식

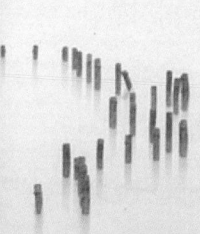

- 최장수 동물은 평균 수명 400년 '대양 대합'?
- 홀로코스트 추모일, 이스라엘과 유엔이 서로 다른 까닭은?
- 살아있는 인물에게만 수여한다는 노벨상, 죽은 후에 받은 3명 있었다?
- 미국 대통령 출마 자격인 '태생적 미국 시민'은?
- 독일 국가는 1·2절은 안 부르고 왜 3절 만 부르나?
- 오스트리아 출신 히틀러가 어떻게 독일 총통이 되었나?
- 실리콘밸리 '큰손'이 120세 장수 위해 한다는 팔레오 다이어트란?
- 하이힐 여성에게 남성들이 더 친절…언제부터 '마법 구두' 됐나?
- 노벨상 메달의 순수 가치는?
- 킬링필드 추모관 이름이 왜 '잎사귀의 힘'일까?
- 바티칸 교황청, 왜 스위스 근위대가 지키나?
- '홀로코스트'라는 용어, 유대인은 왜 꺼릴까?
- 5월 1일 노동절이 미국 때문에 생겼는데 정작 미국은 9월인 이유는?
- 푸틴과 히틀러와 뭐가 닮았기에 '푸틀러'로 불리나?
- 전공의·전문의·전임의 구분?

최장수 동물, 평균 수명은 400년 '대양 대합'?

깨알 지식

인간은 길어야 100년을 산다. 그러나 일부 장수 동물에게는 100년이 짧게 느껴질 수 있다. 미국의 자연과학 매체인 디스커버리에서 최근 가장 오래 사는 동물 10종을 공개했다. 이 동물들은 어떤 종류이며, 그들의 특징은 무엇일까?

가장 오래 생명을 이어가는 동물은 해저 깊은 곳에 서식하는 대양 대합이라는 조개로, 평균 수명이 400년이다. 2위는 211년을 사는 북극 수염고래. 그 뒤로 한볼락(볼락의 일종)이 205년, 붉은 바다 성게가 200년으로 각각 3·4위를 차지했다. 200년 이상 사는 동물이 네 종에 이른다. 5~8위는 갈라파고스 거북(177년), 쇼트래커 볼락(157년), 호수 철갑상어, 알다브라자이언트 거북(이상 152년) 순이었다. 이어서 오렌지 라피(149년)와 와티 오레오(140년)가 각각 9·10위를 차지했는데, 둘 다 심해에 서식하는 물고기다.

1~10위까지의 장수 동물 중 두 종의 거북을 제외한 나머지 8종은 물속에서만 살아간다는 공통점이 있다. 또한 대양 대합과 붉은 바다 성게를 제외한 나머지 동물들은 모두 성장 속도와 생식 주기가 매우 느리다는 특징이 있다. 예를 들어, 암컷 호수 철갑상어는 생후 1433년이 지나야 생식을 할 수 있으며, 4~9년마다 한 번씩만 알을 낳는다.

 최근 화제가 된 지구에서 가장 오래 사는 동물 10종 모두 바다에 사는 생물들이다. 그중 가장 오래 사는 동물은 해저 깊은 곳에 사는 대양 백합이라는 조개의 일종으로 평균 수명이 400년이다. 조개는 연체동물에 속하며 대합은 껍질에 나이테가 있어 나이를 비교적 정확히 측정할 수 있다.

DATE   /   /   /   SUN   MON   TUE   WED   THU   FRI   SAT

홀로코스트 추모일,
이스라엘과 유엔이 서로 다른 이유는?
깨알 지식

이스라엘문화원에서 홀로코스트 추모 사진전 등을 개최한다. 그러나 유엔은 홀로코스트 추모일을 1월 27일로 삼고 있으며, 홀로코스트의 책임이 있는 독일도 유엔 기준을 따르고 있다. 이처럼 같은 의미의 기념일 날짜가 이스라엘과 유엔 간에 차이가 나는 이유는 무엇일까?

이스라엘의 초대 총리 다비드 벤 구리온은 건국 6년째인 1953년 유대교 달력에서 '니산(첫째 달의 명칭) 14일'을 홀로코스트 추모일로 정했다. 이는 1943년 폴란드 바르샤바의 게토(유대인 강제 거주 지역)에서 유대인들이 나치에 맞서 대규모 무장투쟁을 일으킨 날이 바로 '니산 14일'이었기 때문이다. 그러나 이날은 유대교 최대 축제일인 유월절 전날이었서 '큰 행사가 연달아 치러져 부적절하다'는 지적이 나왔다. 이에 따라 추모일은 '니산 27일'로 변경되었다.

반면, 유엔은 2005년에 아우슈비츠 수용소 해방된 날인 1월 27일을 홀로코스트 추모일로 지정했다. 이는 나치에 의해 400만 명의 유대인이 목숨을 잃은 아우슈비츠 수용소가 1945년 소련군에 의해 해방된 날이, 홀로코스트의 종식을 상징한다고 여겼기 때문이다.

 **홀로코스트**는 제2차 세계 대전이 일어나던 1941년부터 1945년까지 아돌프 히틀러가 계획적으로 유대인과 슬라브족·집시·동성애자·장애인·정치범 등 약 1,100만 명의 민간인과 전쟁포로를 학살한 사건이다

DATE	/	/	SUN	MON	TUE	WED	THU	FRI	SAT

살아있는 인물에게만 수여되는 노벨상, 사후에 받은 3명은?

깨알 지식

유엔이 54년 만에 순직 경위를 재조사하기로 한 고_故 다그 함마르셸드 유엔 사무총장은 세계 평화를 위한 헌신을 인정받아 이례적으로 사후에 노벨상을 받은 인물이다. 노벨상은 1901년부터 수상자를 '살아있는 사람'으로 한정하였으나, 함마르셸드처럼 매우 이례적으로 사망한 후 상을 받은 사례가 두 명 더 있다.

최초 사후 수상자는 스웨덴의 시인 에리크 악셀 칼펠트로 1907년부터 노벨위원회 위원으로 활동했으나, 1919년 노벨문학상 최종 후보에 오르자 "위원이 어떻게 상을 받느냐."며 사양했다. 노벨위원회는 그가 사망한 해인 1931년 노벨문학상을 그에게 수여했다.

칼펠트에 이어 함마르셸드까지 사후 수상하자 되자, 일각에서는 '노벨의 고향인 스웨덴 출신이라 특혜를 준 것이 아니냐'는 논란이 일었다. 이에 따라 1974년 노벨위원회는 생존 인물만 수상자로 정하겠다는 기존 방침을 재확인했다. 그러나 또 한 번 더 예외가 발생한다. 2011년 노벨 생리의학상 공동 수상자 3명을 발표한 수상자 중 한 명이 사흘 전 췌장암으로 사망했다는 사실이 알려진 것이다. 면역 체계 활성화에 관한 연구 업적을 낸 공로로 브루스 보이틀러_(미국)와 율

 **노벨상**은 스웨덴의 발명가 알프레드 노벨이 1895년 작성한 유언을 기려 스웨덴과 노르웨이의 관련 기관들이 "매년 인류를 위해 크게 헌신한 사람"에게 시상하는 세계적으로 크게 권위 있는 상이다. 1901년에 처음 시상되었다.

DATE   /   /   /   SUN   MON   TUE   WED   THU   FRI   SAT

레스 호프만(프랑스)과 함께 수상자로 선정된 캐나다의 랠프 스타인먼(사망 당시 68세)이었다. 논란이 일자 노벨위원회는 긴급회의를 열고 "그가 기쁨을 누리지 못한다는 사실이 애석할 뿐, 우리의 선택은 바꾸지 않겠다."며 예정대로 노벨상을 수여하기로 결정했다.

  이 세 명을 제외하고는 위대한 업적을 이룩했더라도 사망한 사람에게는 노벨상이 주어지지 않았다. 비폭력 독립운동으로 세계를 감동시켜 노벨 평화상 수상이 유력했지만, 1948년 암살되어 후보에도 오르지 못한 인도의 마하트마 간디가 그 대표적인 사례이다.

 물리학상, 화학상, 생리·의학상, 문학상, 평화상의 5가지 상에 더하여 1968년 제정된 노벨 경제학상으로 이루어진다. 다른 상들은 스웨덴의 스톡홀름에서 수여되는 반면, 노벨 평화상은 노르웨이의 오슬로에서 수여된다. 각 상은 모두 그 분야에서 매우 권위 있게 여겨진다.

DATE	/	/	/	SUN	MON	TUE	WED	THU	FRI	SAT

미국 대통령 출마 자격인
'태생적 미국 시민'은?

깨알 지식

미 공화당의 대권 후보로 거론되었던 테드 크루즈 상원의원(텍사스)은 1970년 캐나다에서 태어났다. 공화당 내 버서(birther·출생을 문제 삼는 사람들이란 뜻의 신조어) 그룹은 "크루즈가 외국에서 태어났기 때문에 대통령 후보로 출마할 자격이 없다"고 공격해왔다. 미국 헌법이 미국 국적을 가진 시민권자라고 해서 무조건 대통령에 출마할 수 없도록 규정하고 있기 때문이다. 미국 대통령은 "취임일을 기준으로 만35세 이상, 14년 이상 미국에서 거주한 '태생적인 미국 시민(natural-born citizen)'"이어야 한다. 그러나 미 헌법은 구체적으로 '태생적인 미국 시민'이 무엇을 뜻하는지에 대해서는 규정하지 않았다.

2008년 대선에서 케냐 출신이란 루머로 곤욕을 치른 오바마뿐 아니라, 공화당 후보였던 존 매케인 상원의원(애리조나)도 파나마 태생이란 이유로 자격 논란에 휘말렸다. 논란이 커지자 미국 의회는 2011년 '태생적인 미국 시민'이란 자격에 대한 유권해석을 내렸다. "부모가 외국인이더라도 미국 영토에서 태어났거나, 외국에서 태어났더라도 부모가 미국 시민권자일 경우 대통령에 출마할 수 있다."는 것이다.

 **태생적 시민**은 즉 출생에 의한 시민(국민)을 말하는 것으로, 여기에는 특정 국가에서 태어나자마자 국민(시민)이었던 사람이 기본적으로 해당된다. 예를 들어 국내에서 한국의 국적을 가진 부모 사이 혹은 한국인과 외국인 사이에서 태어났다면, 이 사람은 "태생적인 대한민국 국민"이라고 할 수 있다.

DATE	/	/	SUN	MON	TUE	WED	THU	FRI	SAT

독일 국가國歌는 1·2절은 안 부르고 왜 3절 만 부르나?

깨알지식

독일 국가國歌의 명칭은 '독일의 노래(Deutschlandlied)'다. 오스트리아 작곡가 요제프 하이든이 1797년 당시 자국 황제 생일에 바친 곡에 독일 시인 아우구스트 하인리히 호프만 폰 팔러슬레벤이 1841년 1~3절 가사를 붙였다. 가사 "단결과 정의와 자유"는 프랑스의 모토 '자유· 평등· 박애'에 비견될 수 있다. 이 곡은 1922년 바이마르공화국에서 국가로 채택됐었지만, 현재 독일 공식 행사에서는 3절만 부른다.

1·2절이 국가의 지위를 잃은 이유는 나치 독일 때문이다. 본래 '독일의 노래' 1절은 "독일, 모든 것에 우선한 독일"이라는 가사로 시작하며, 본뜻은 다른 사안보다 독일 통일이 우선이라는 것이다. 2절은 독일의 여성· 충직함· 와인· 노래 등을 칭송하는 내용을 담고 있다. 이는 민주주의와 통일에 대한 의식이 고조됐던 19세기를 반영한 결과다. 독일 최초 공화국 바이마르공화국은 이러한 점을 높이 평가하여 이 곡을 1922년 국가로 채택하였다.

이후 등장한 나치는 1절을 선호했다. "모든 것에 우선한 독일"이란 부분을 "독일이 최고"라고 해석했기 때문이다. 1936년 베를린올림픽 개막식에서 히틀러가 스타디움에 들어서자 관중들이 부른 노래도 1절이었다.

독일의 국가는 1841년 8월 26일 독일의 시인 아우구스트 하인리히 호프만 폰 팔러슬레벤이 요제프 하이든의 〈황제 찬가〉 멜로디에 독일 민족주의를 고취하는 가사를 붙여 만든 〈독일인의 노래〉에서 시작되었다.

DATE	/	/	/	SUN	MON	TUE	WED	THU	FRI	SAT

2차대전 종전 이후, 연합국은 '독일의 노래'를 나치의 상징으로 여겨 금지하였다. 논란 끝에 서독 초대 총리 콘라트 아데나워가 당시 대통령 테오도어 호이스에게 "공식 석상에서 3절만 부르는 조건으로 독일의 노래를 다시 국가로 지정해달라."고 요청했고, 결국 '독일의 노래'는 다시 국가가 되었다. 이후 독일 우파를 중심으로 1~3절 모두를 국가로 재채택하려는 움직임이 일자, 독일 헌법재판소는 1990년 3절만이 국가라고 선포했다.

1922년 8월 11일 바이마르 공화국의 초대 대통령 프리드리히 에베르트에 의해 독일의 국가로 공식 채택되었으며, 나치 독일 시기를 포함해 1945년 5월 8일 제2차 세계 대전에서 독일이 연합국에 항복할 때까지 〈독일, 모든 것 위에 있는 독일〉이라는 제목으로 불렸다.

DATE / /   SUN   MON   TUE   WED   THU   FRI   SAT

오스트리아 출신 히틀러가
어떻게 독일 총통이 되었나?
깨알지식

오스트리아 브라우나우암인시市 당국이 2차대전을 일으킨 아돌프 히틀러의 생가를 사들여 평화의 장소로 새롭게 단장한다. 오스트리아 출신인 히틀러가 어떻게 독일의 총통이 될 수 있었을까?

히틀러가 독일 국민들로부터 강력한 지지를 받았던 이유는 오스트리아 출신임에도 불구하고 같은 게르만 민족이었기 때문이다. 오스트리아는 19세기 프로이센이 주도한 독일 통일 과정에서도 통합의 대상으로 논의되었던 국가였다. 그러나 당시 합스부르크 왕가가 이끄는 오스트리아는 게르만족뿐만 아니라 슬라브·마자르·이탈리아인 등이 뒤섞인 제국이었고, 결국 순수한 게르만 민족 국가 건설을 목표로 했던 프로이센의 독일 통일에서 배제되었다.

1932년 나치가 시의회를 장악한 브라운슈바이크에서 독일 시민권을 얻은 히틀러는 독일 총통에 오른 뒤 1938년 오스트리아를 합병하였다. 이는 1차 대전 종전 이후 해체된 다민족 제국 오스트리아가 게르만 민족으로 이루어진 소국이 되었기 때문이다. 게르만 민족주의를 내세운 히틀러는 같은 게르만 민족 국가인 오스트리아를 독일에 합병하겠다고 목표를 실현에 옮긴 것이다.

히틀러리는 1933년 독일 총리가 되었으며, 1934년 독일 대통령을 겸직하면서 퓌러(영도자)가 되었다. 1933년부터 1945년까지 독재자로 군림하면서 1939년 폴란드 침공을 시작으로 제2차 세계 대전을 일으키고 이를 총지휘했다. 또한 홀로코스트와 같은 학살을 계획하고 실행에 옮긴 주모자였다.

DATE	/	/	/	SUN	MON	TUE	WED	THU	FRI	SAT

실리콘밸리 '큰손'이 120세 장수 위해 한다는 팔레오 다이어트란?

깨알지식

미국 온라인결제시스템 업체 페이팔의 공동 창업자이자 실리콘밸리의 '큰손'인 피터 시엘이 지난 18일 블룸버그TV와 인터뷰에서 "120세까지 무병장수하기 위해 우유·설탕·밀을 먹지 않는 '팔레오 다이어트(Paleo diet)'를 하고 있다."고 밝혔다. 시엘은 자신의 자선재단을 통해 그동안 노화방지 연구에 수백억 원을 기부할 만큼 장수에 관심이 많다. 팔레오 다이어트란 무엇이며, 장수에 어떻게 도움이 될까?

팔레오는 구석기 시대라는 뜻의 형용사 '팔레오리틱(paleolithic)'의 줄임말이다. 구석기인의 식생활에 대한 연구는 이전에도 많았지만, 콜로라도주립대 로렌 코디언 교수가 2002년 쓴 『팔레오 다이어트』란 책에서 팔레오 다이어트라는 용어를 사용했다. 그는 인간의 유전자는 석기시대 원시인과 같지만, 농경사회 이후 식단의 급격한 변화에 신체가 적응하지 못하면서 비만·심장 질환·당뇨 등 각종 질병에 시달리고 있다고 주장했다.

따라서 무병장수하려면 농경생활의 산물인 밀·보리 같은 곡류와 설탕·술·커피 등을 피해야 한다고 권장하고 있다.

 **피터 시엘**은 프랑크푸르트에서 태어났으며, 미국 클리블랜드로 건너갔으며, 부친을 따라서 나미비아에서 유년기를 보낸 뒤 10대가 되면서 가정이 캘리포니아로 터를 잡았다. 실리콘밸리 한복판인 포스터 시티에서 10대를 보낸 탓에, 학교에서는 항상 치열한 경쟁의 연속이었다고 한다.

DATE   /   /   /   SUN   MON   TUE   WED   THU   FRI   SAT

하이힐 여성에게 남성들이 더 친절…
언제부터 '마법 구두' 됐나

깨알지식

여성의 구두굽이 높을수록 남성이 친절해진다는 실험 결과가 발표됐다. AP통신에 따르면, 프랑스 브르타뉴 쉬드대 연구진은 19세 여성들에게 굽 높이가 다른 검정 구두를 신기고 남성의 반응을 조사하는 일종의 '몰래 카메라'를 진행했다. 단화(0.5㎝)를 신은 여성이 거리에서 남성에게 설문조사를 요청했을 때 남성의 46.7%만이 걸음을 멈추고 설문에 응답했다. 그러나 중간굽(5㎝)을 신을 경우는 63%, 하이힐(9㎝)의 경우는 83%로 급등했다. 술집에서도 하이힐 신은 여성에게 남성이 접근하는 데 걸리는 시간이 단화를 신은 여성의 절반이었다. 하이힐은 언제부터 사람을 끌어들이는 '마법 구두'가 되었을까?

애초 하이힐은 '미美'가 아닌 실용적 목적으로 사용됐다. 고대 이집트 정육업자들은 소·돼지 피 등으로 지저분해진 바닥을 밟지 않기 위해 통굽 신발을 만들었다. 로마 시대 매춘부들은 '호객 수단'으로 눈에 잘 띄는 높은 신발을 신었고, 페르시아 등에서는 기마騎馬 전투의 필수품으로 사용됐다. 등자鐙子에 신발을 걸고 서서 활을 정확히 쏘려면 뒤축이 높은 신발이 유리했기 때문이다.

이후 16세기 유럽에 페르시아풍이 유행하면서 서구 귀족들 사이에 하이힐이

 **하이힐**은 기원전 3,500년경 이집트까지 거슬러 올라간다. 고위층일수록 자신을 뭔가 돋보이게 꾸미고자 하는 건 예나 지금이나 별 차이가 없었으며, 하이힐은 바로 이러한 고위층의 욕망이 만들어낸 사치품의 일종이었다.

DATE   /   /   SUN   MON   TUE   WED   THU   FRI   SAT

인기를 끌었다. 특히 163㎝로 단신이었던 프랑스의 태양왕 루이 14세가 굽의 높이를 10㎝로 높이고 아름다운 장식을 더 하면서 하이힐은 부富와 아름다움의 상징이 되었다. 이후 계몽주의와 대혁명의 여파로 한때 사라졌던 '하이힐'은 19세기 이후 '성性적 상징'으로 부활하게 되었다.

하이힐은 신발이라고 할 수 없으며, 백해무익한 '발톱가리개'라고 주장하며 까는 사람들도 꽤 있다. 특유의 또각거리는 소음 때문에 까이기도 한다. 요즘 힐들은 소리가 별로 안 나는데, 미들힐이 더 소음이 큰 경우도 많다. 요령껏 걸으면 소리가 별로 안 나는데…

| DATE | / | / | | SUN | MON | TUE | WED | THU | FRI | SAT |

노벨상 메달의
순수 가치는?
깨알지식

제임스 왓슨이 내놓은 노벨상 메달이 최대 350만 달러(약 38억 7,900만 원)에 팔릴 것이라는 예상되고 있다. 이 메달의 순수 가치는 어느 정도일까?

왓슨이 받은 메달의 순수 재료비를 현재의 국내 금 시세로 환산할 경우 700만 원으로 추정된다. 메달의 원가原價 자체도 낮지 않지만, 세계를 바꾼 유명 과학자가 받은 '노벨상'이라는 이름이 더해지면서 원가보다 몇백 배 가치를 인정받은 셈이다.

왓슨은 1962년에 노벨상을 받았고, 당시 메달 전체가 23K 금으로 제작되었다. 노벨상 메달은 1979년까지 메달 전체를 23K(순도 96%) 금으로 만들다가 1980년부터 18K(순도 75%) 금으로 제작한 후, 그 위에 순금을 얇게 입히는 방식으로 변경되었다. 메달은 지름 6.6cm, 두께 0.5cm, 무게는 평균 175g이다.

노벨상은 매년 12월 10일 노벨의 기일에 시상한다. 평화상만 노르웨이 오슬로에서 시상식이 열리며, 나머지는 스웨덴 스톡홀름에서 열린다. 평화상만이 노르웨이에서 시상식이 열리게 된다.

DATE / /	SUN	MON	TUE	WED	THU	FRI	SAT

킬링필드 추모관 이름이 왜 '잎사귀의 힘'일까?
깨알지식

캄보디아의 공산독재 크메르루주 정권의 대학살 기념추모관인 '슬루크 리스(The Sleuk Rith·잎사귀의 힘이란 뜻)'가 프놈펜에 들어설 것이라고 한다.

설계가는 '건축계의 노벨상'인 프리츠커상을 받은 최초의 여성 건축가 자하 하디드로, 서울 동대문디자인플라자(DDP) 설계자로도 국내에 잘 알려져 있다.

200만 명이 학살된 비극적 사건을 추모하는 기념관의 이름이 왜 '잎사귀의 힘 (The power of leaves)'일까?

'잎사귀'는 1970년대 크메르루주에 억압받던 캄보디아 지식인들의 자유와 의지를 상징한다. 책과 필기구 등 모든 것을 박탈당하는 상황에도 일부 지식인이 마른 잎사귀를 종이 삼아 지식과 문화를 전파하려 노력했다. '완벽한 공산주의 농업 국가 건설'을 내세운 크메르루주는 프놈펜 시민 200만 명을 농촌으로 강제 이주시키고, 베트남 소수민족을 내쫓았다. 이 과정에서 170만여 명이 숨졌다. 특히 급진적인 사상 개조를 위해 관료·지식인 등 식자층을 대상으로 대대적 숙청 작업이 진행됐다.

킬링필드는 1960~1970년대에 캄보디아에서 일어난 대량 학살로, 좁게는 1975년부터 1979년까지 폴 포트가 주도하던 민주 캄푸치아에서 크메르 루주가 사람들을 대규모로 처형한 사건을, 넓게는 이를 전후로 캄보디아에서 일어난 학살 사건이다.

DATE / / | SUN | MON | TUE | WED | THU | FRI | SAT

크메르루주는 노동자와 농민이 주체가 되는 사회를 만들겠다고 주장하며, 학자는 물론 글을 읽을 줄 아는 사람이나 안경을 쓴 사람까지 잡아들여 고문하고 잔인한 방식으로 처형했다. 이로 인해 크메르루주의 대학살은 '킬링 필드(Killing Fields)'라는 이름으로 알려졌고, 1984년 동명의 영화로도 제작되었다.

킬링필드 추모관 '슬루크 리스' 사진

킬링필드의 참혹성을 보여주는, 해골이 야지에 무더기로 쌓여 있는 사진들로도 유명하다. 캄보디아는 5월 20일을 공휴일로 지정해 크메르 루주와 폴 포트에 의한 희생자들을 추모하고 있다. 르완다 학살과 함께 제2차 세계 대전 이후 가장 참혹하고 끔찍한 비극 중 하나로 여겨진다.

| DATE | / | / | SUN | MON | TUE | WED | THU | FRI | SAT |

바티칸 교황청,
왜 스위스 근위대가 지키나?
깨알지식

스위스 근위대는 1506년부터 500년간 교황과 교황청이 있는 교황령(교황의 세속적 지배권이 미치는 영토)인 도시국가 바티칸을 지켜왔다.

바티칸은 이탈리아 수도 로마에 위치하고 있는데, 교황이 가진 유일한 군사 조직이 스위스인만으로 구성된 이유는 신성로마제국(독일)이 이탈리아 지배권을 두고 프랑스와 전쟁을 벌이던 1527년 5월 6일 스위스 근위병이 보여준 용맹함 때문이다.

카를 5세가 이끄는 신성로마제국군이 '로마의 약탈'을 시작하자, 교황을 보위하는 각국 용병(傭兵)들은 모두 도망쳤지만, 스위스 근위대만 홀로 남았다. 당시 클레멘스 7세 교황은 "스위스로 돌아가라."고 권했지만, 이들은 오히려 교황이 도망칠 시간을 벌기 위해 격렬히 싸웠다. 현재의 베드로 대성당 인근에서 벌어진 전투에서 스위스 근위병 189명 중 147명이 전사했다. 이들의 희생 덕에 교황은 피신할 수 있었다. 이후 교황청 근위대는 '절대 물러서지 않는 스위스 병사'로만 구성되는 전통이 형성되었으며, 지금도 신입 근위병은 선배들의 희생을 기리기 위해 매년 5월 6일에 충성 서약식을 진행한다.

 **근위대**는 로마 교황을 경호하기 위한 경찰 조직. 과거에는 용병으로 구성된 군 조직이었으나, 스위스사법부가 19세기(1848년)부터 연방헌법으로써 용병업을 헌법에 어긋난다고 해석을 했고 현대 스위스 근위대는 파견 경찰 신분이다.

DATE	/	/	/	SUN	MON	TUE	WED	THU	FRI	SAT

중세 시대 스위스 용병은 용맹과 충성의 상징이었다. 산세가 험해 일자리가 적었던 스위스인들은 용병 일을 통해 생계를 유지해야했기 때문에 다른 나라 용병과 달리 목숨 걸고 고용주를 위해 싸웠다.

율리오 2세 교황이 1506년 스위스 근위대를 창설한 것도 이러한 평판 덕분이었다. 그는 율리오 2세는 이들을 '교회 자유의 수호자'라 불렀다.

 현재 교황청의 근위대는 세계에서 가장 작고 가장 오래된 군대이다. 바티칸에서 만큼은 정식 명칭이 스위스 용병대에서 '교황 근위대'로 명명된다. 현재 135명이다. 근위병이 되려면 결혼하지 않은 스위스 남자 가톨릭 신자여야 하고 스위스군에서 복무한 경력이 있어야 한다.

DATE   /   /   SUN   MON   TUE   WED   THU   FRI   SAT

'홀로코스트'라는 용어, 유대인은 왜 꺼릴까?
깨알 지식

세계 대부분이 나치 독일의 유대인 학살을 '홀로코스트(Holocaust)'라 부르지만 유대인들은 '쇼아(Shoah)'라는 단어를 선호한다.

'홀로코스트'는 그리스어 '홀로카우스톤(holokauston)'에서 유래된 것으로, 신에게 바치기 위해 '전부(holos) 태우는(kaustos)' 방식으로 희생된 동물을 의미한다. 13세기 영미권에 넘어오면서 '불로 인한 파괴' '대량 학살' 등의 뜻이 더해졌다. 1950년대 중반 영미권 역사학자들은 나치의 유대인 학살을 '홀로코스트'로 지칭하기 시작했다.

하지만 유대인들은 이 단어 대신 '쇼아(Shoah)'라는 표현을 사용한다. 히브리어로 '대재앙'을 뜻하는 가스실과 소각로를 이용한 나치의 대량 학살을 신을 위한 제물에 비유할 수 없다는 이유 때문이다. 홀로코스트가 다신교多神敎였던 고대 그리스의 종교의식에서 비롯된 점도 유대인들에게 불편함을 주고 있다. 앙겔라 메르켈 독일 총리 등 친親이스라엘 외교를 펼치는 인사들도 '쇼아'라는 용어를 즐겨 사용하고 있다.

 **홀로코스트**는 독일군이 유대인과 집시들을 게토에 수용한 후 화물 열차에 태워서 집단 학살 수용소로 이송했다. 화물 열차에서도 많은 사람들이 죽었는데, 살아남은 이들은 차례대로 샤워실로 위장된 가스실에서 죽음을 맞이하거나 생체실험으로 사망하였다.

DATE / / / SUN MON TUE WED THU FRI SAT

5월 1일 노동절이 미국 때문에 생겼는데 정작 미국은 9월인 이유는?

깨알 지식

한국(근로자의 날)을 포함해 대부분 국가의 노동절은 5월 1일이지만, 미국 노동절(Labor day)은 매년 9월 첫째 주 월요일로, 올해는 9월 1일에 해당한다. 그 이유는 무엇일까?

1882년 9월 5일 뉴욕시 중앙노동조합(CLU)이 대규모 노동자 행진 대회를 개최한 것이 계기였다. 당시 약 1만 여명의 노동자가 맨해튼 한가운데로 쏟아져 나왔다. 이후 1887년 오리건주州가 9월 첫째 주 월요일을 노동절로 지정했고, 1894년 연방 공휴일로 승격되었다.

사실 5월 1일 노동절의 시초도 미국에서 시작되었다. 1886년 5월 1일, 뉴욕·시카고 등 주요 도시 노동자들이 '하루 8시간만 일할 권리를 보장하라'며 총파업을 벌였다. 평화적 시위는 5월 4일 시카고 헤이마켓 광장에서 폭탄이 터지며 급격히 악화되었다. 노동자·경찰 간 무력 충돌이 일어나고, 사상자 수십명이 발생했다. 많은 국가가 5월 첫째 날을 노동절로 삼은 것이 '헤이마켓 사건'이 노동자 권익 보호의 상징이 되었기 때문이다.

하지만 사건 당사자인 미국은 이 사건 유혈사태의 심각성을 경험한 후, 5월

 노동절은 메이데이 또는 워커스데이라고도 한다. 미국에서는 일반적으로 레이버 데이라고 한다. 노동자의 노고를 위로하고 노동 의욕을 높이기 위해 제정된 휴일로서, 전세계적으로 매년 5월 1일이다. 정작 1886년 5월 1일 헤이마켓 사건이 일어난 미국과 캐나다는 9월 첫째 월요일이 노동자의 날이다.

DATE   /   /   SUN   MON   TUE   WED   THU   FRI   SAT

노동자 결집을 막기 위해 대신 9월을 노동절로 정했다. 현재의 미국 노동절은 본래 의미보다는 여름방학과 휴가 시즌의 마지막을 장식하는 성격이 강하다. 블랙 프라이데이(추수감사절 이후 첫 금요일)와 함께 미 유통업체들이 1년 중 가장 큰 할인 행사를 여는 날도 노동절이다.

1886년 헤이마켓 사건 이후 1889년 7월에 세계 여러 나라 노동운동 지도자들이 모여 결성한 제2인터내셔날의 창립대회에서 결정되었다. 이를 계기로 1890년 5월 1일 첫 메이데이 대회가 개최되었고 이후 전 세계 여러 나라에서 5월 1일 메이데이를 기념해 오고 있다.

DATE / /   SUN MON TUE WED THU FRI SAT

푸틴과 히틀러, 뭐가 닮았기에 '푸틀러'로 불리나?

깨알 지식

러시아가 크림반도를 합병하자 힐러리 클린턴 전 미 국무장관은 "블라디미르 푸틴 러시아 대통령은 나치 독재자 아돌프 히틀러와 다름없다."고 비난했다. 우크라이나 주민들은 푸틴과 히틀러의 얼굴을 합성한 사진을 걸고 "푸틀러(Putler: 푸틴+히틀러)는 물러가라."고 외치며 시위를 벌였다. 푸틴이 히틀러에 비유되는 이유는 무엇일까?

미국 경제 주간 포천은 '히틀러의 환생'이라는 기사에서 둘의 유사점을 분석했다. 가장 큰 공통점은 두 사람 모두 이웃 나라의 영토를 합병하는 과정에서 '민족주의'를 명분으로 내세웠다는 점이다. 히틀러는 1938년 3월 '독일인 보호'를 명분으로 독일인이 다수 거주하고 있던 체코슬로바키아 서부 지역을 강제 합병했다. '강한 러시아'를 내세우는 푸틴 역시 러시아계 주민 보호를 명분으로 크림반도를 합병했다.

무력을 동원해 주변국을 병합하면서도 '침공' 사실을 부정하는 것도 유사하다. 1939년 9월, 나치는 폴란드를 전격적으로 침공했다. 히틀러는 당시 독일 영토였던 글라이비츠(지금의 폴란드 글리비체)를 폴란드가 먼저 공격한 것처럼 '자작극'을 꾸미

 **히틀러와 푸틴**은 피해망상적 국수주의의 폭력은 소규모 무력 위협을 통해 자신감을 얻은 뒤 점차 스케일을 키워 엄청난 전쟁비극을 일으켰다는 점에서, 푸틴은 히틀러와 많은 유사성을 지닌다.

DATE	/	/		SUN	MON	TUE	WED	THU	FRI	SAT

라고 지시했다. 이후 나치는 폴란드를 공격하면서 "독일 침공에 대한 대응"이라고 주장했다. 그러나 프랑스와 영국이 폴란드를 침공한 나치에 대해 선전포고를 하면서 2차대전이 발발했다. 마찬가지로 푸틴도 지금까지 러시아군의 우크라이나 사태 개입을 부정하고 있으며, 오히려 "2차대전 당시 소련을 침공한 나치를 연상시키는 건 (러시아의 침공을 주장하는) 우크라이나군"이라고 반박했다.

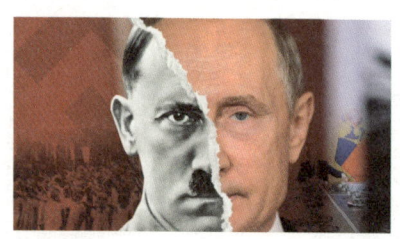

 푸틴은 전 부인 류드밀라 푸티나 사이에서 낳은 2명의 딸 외에도 다른 2명의 여성으로부터 4명의 자녀가 더 있을 수 있다고 했다. 지금까지 공식적으로 알려진 푸틴 대통령의 자녀는 마리아 보론초바, 예카테리나 티코노바이다.

DATE / /   SUN MON TUE WED THU FRI SAT

전공의·전문의·전임의 구분?
깨알 지식

의대를 졸업하고 국가고시를 통해 의사 면허를 받은 사람을 '일반의'라고 한다. '전공의'는 의대 졸업 후 전문의 자격을 따기 위해 종합병원 등에서 수련하는 인턴과 레지던트를 말한다. 레지던트를 거친 뒤 특정 분과에서 자격을 인정받으면 '전문의'가 된다. 이후 대형 병원에서 1~2년 세부 전공을 공부하며 진료하는 의사를 '전임의(펠로)'라고 한다.

전공의 4년차 막바지에 접어들며 전문의 시험 준비가 시작된다. 의과대학 졸업 후 5년 만에 다시 수험생으로 돌아가는 순간이다. 전문의 시험은 4년간의 전공의 수련을 마친 후 해당 분야의 전문가로 인정받기 위한 국가 공인 시험이다.

DATE / /   SUN   MON   TUE   WED   THU   FRI   SAT

연설은 시대를 움직이는 힘입니다.

마틴 루터 킹의 "나에게는 꿈이 있습니다", 시어도어 루스벨트의 용기 있는 말들은 시대를 뒤흔든 목소리입니다. 그들의 연설은 단순한 문장이 아닌 사람들의 마음을 사로잡고 세상을 바꾸는 힘이었습니다. 그들의 말이 당신의 손끝에서 다시 쓰여질 때, 그 역사의 울림을 직접 느껴 보십시오.

04
연설

- '미국 노벨상 1호' 시어도어 루스벨트 대통령 총 맞고도 90분 연설했다
- 그 많던 연설가들은 다 어디로 갔는가?
- 오늘 저는 제 자신이 지구에서 가장 운이 좋은 남자라고 생각합니다
- 나에게는 꿈이 있습니다
- 자와하르랄 네루의 간디의 죽음에 대한 조사弔辭
- 노병은 죽지 않는다, 다만 사라질 뿐이다

'미국 노벨상 1호' 시어도어 루스벨트 대통령 총 맞고도 90분 연설했다

시어도어 루스벨트(Theodore Roosevelt, 1858~ 1919)

미국 26대 대통령 시어도어 루스벨트(1858~1919년)는 심한 총상을 입고도 무려 90분이나 연설한 것으로 유명하다. 1901년, 부통령 재직 중 윌리엄 매킨리 대통령 피살로 백악관에 입성한 루스벨트는 1904년 대선에 출마해 연임에 성공했다. 임기 종료 후에는 정계에서 은퇴하는 듯했으나, 1912년 대선에 다시 도전했다가 총격을 당하게 된다.

총격범인 슈랭크라는 "매킨리 전 대통령이 꿈에 나타나 '루스벨트가 날 죽였다. 억울한 죽음을 복수해달라.'"고 부탁했다고 주장하며 범행을 결심한다. 며칠 후, 루스벨트가 밀워키의 한 호텔에서 식사를 마치고 밖으로 나와 유세 차량에 올라 지지 군중을 향해 손을 흔드는 순간, 슈랭크는 방아쇠를 당겼다.

루스벨트는 가슴에 총알이 박힌 채 강한 충격을 받은 듯 휘청거렸고, 붉은 피가 흘러내렸다. 혼비백산한 수행 비서와 경호원들이 우왕좌왕했지만, 정작 총 맞은 루스벨트는 차분한 태도를 유지했다. 그는 심지어 병원 치료도 거부하고 유권자와 약속한 연설을 해야 한다며 유세장으로 이동했다.

연단에 올라 양복 조끼 주머니에서 꺼내 든 연설 원고는 총알 관통으로 구멍

시어도어 루스벨트는 미국의 정치인이자 작가, 수렵가이다. 26번째 대통령(1901년-1909년), 25번째 부통령(1901년)이었다. 별칭은 테디(Teddy)이고, 테오도어, 테오도르 루스벨트라고도 부른다. 아시아 문제에 개입하기도 하였는데 대체로 일본의 편을 들어주었다.

DATE / / SUN MON TUE WED THU FRI SAT

이 뚫려 있었고, 안경집에도 총탄의 흔적이 남아 있었다. 그럼에도 루스벨트는 미소를 지으며 "겨우 총알 하나로 날 죽이려 했군. 나는 죽지 않는다. 오늘 죽기를 각오하고 이 연설을 끝낼 것이다."라고 외치며 손을 흔들었다.

청중은 그의 강인한 정신력과 의지에 감동한 듯 일제히 일어나 힘찬 박수를 보낸다. 루스벨트는 핏빛으로 변한 연설 원고를 꺼내 들고 90분간 힘겹게 연설한 뒤 단상에서 내려왔다. 그제야 병원으로 발걸음을 옮긴 루스벨트는 검사 결과, 총알이 폐에서 불과 1mm 떨어진 곳에 박힌 사실을 확인했다. 반으로 접은 장문의 연설 원고를 뚫으면서 힘이 약해진 총알이 안경집에 맞으면서 굴절된 덕에 허파를 비켜갈 수 있었던 것이다. 고도 근시로 인해 늘 갖고 다닌 안경집과 원고 뭉치가 방탄 역할을 톡톡히 한 셈이다. 루스벨트는 입원 8일 만에 병원을 떠났지만, 총알을 빼내지 못해 평생 몸에 지니고 살아야 했다.

그는 미국 중서부 러시모어산 암벽에 조지 워싱턴, 토머스 제퍼슨, 에이브러햄 링컨 등과 함께 '큰 바위 얼굴'로 새겨질 정도로 미국에서 인기가 높다.

미국 최초 국립공원 조성을 비롯해 대기업 독과점 견제, 악명 높은 부패 퇴치, 과격 노조 엄단 등으로 찬사를 받았다. 1905년 러일전쟁을 끝내는 포츠머스 평화 조약을 중재한 공로로 미국인 1호 노벨평화상을 수상하기도 했다. 그러나 조선은 이 조약을 계기로 일본에 외교권을 빼앗기고 망국의 길로 접어들게 된다.

 **시어도어 루스벨트**는 정맥에서 분리된 응고된 혈액이 폐로 유입됨에 따라 수면 중 호흡곤란으로 사망했다. 그가 남긴 마지막 말은 잠들기 전 하인인 제임스에게 "불 좀 꺼 줘 제임스"였다고 한다. 향년 60세였다. 미국 러시모어산의 큰 바위 대통령들 기념 석상 조각을 할 때 세 번째로 그의 얼굴이 새겨졌다.

| DATE | / | / | / | SUN | MON | TUE | WED | THU | FRI | SAT |

"그 많던 연설가들은
다 어디로 갔는가?"

데모스테네스(Dēmosthénēs, ? ~기원전 413년)

데모스테네스도 어려서 말더듬이였고 혀가 짧았다. 하지만 그는 타고난 악조건을 피나는 수련으로 극복하고 '그리스 역사상 최고의 연설가'로 성장했다. 이 연설가는 말의 힘을 민주주의 수호라는 대의에 바쳤다. 데모스테네스가 활동하던 시기는 그리스 북쪽 마케도니아 왕 필리포스 2세가 그리스 전역을 복속시키려고 야심을 키우던 때였다. 당시 아테네에는 필리포스의 '범 그리스주의'를 우산으로 삼아 페르시아에 맞서야 한다고 주장하는 세력이 존재했다. 그러나 데모스테네스는 필리포스의 범 그리스주의 아래 들어가는 것이 아테네 민주주의를 죽음으로 이끄는 것과 다름없다고 보았다. 그는 데모크라티아, 곧 '민중의 통치'는 '제왕의 지배'와 함께할 수 없다고 강조했다.

기원전 351년 데모스테네스는 민회 연설에서 아테네 시민의 둔감을 질타하며 필리포스의 남하에 맞서 군사적 대응을 서둘러야 한다고 호소했다. "아테네 시민 여러분, 대체 언제 여러분은 해야 할 일들을 할 겁니까? 무슨 일이 벌어질 때까지 기다리기만 할 겁니까?" 그러나 데모스테네스의 연설은 아테네 시민의 마음을 깨우지 못했다. 필리포스 군대는 폴리스들을 장악하며 남진했다. 이후

데모스테네스는 고대 그리스 아테네의 저명한 정치가이자 웅변가였다. 아테네의 지도자로 그리스의 여러 폴리스의 자립을 호소하며 패권을 추구하는 필리포스 2세에 대항하여 반 마케도니아 운동을 전개했지만 뜻을 이루지 못하고 자살로 생을 마쳤다.

DATE / / SUN MON TUE WED THU FRI SAT

데모스테네스는 세 차례 더 '필리포스 연설'을 했다. 하지만 그리스 최고의 언변도 시대의 흐름을 바꾸지는 못했다. 338년 필리포스는 아테네-테베 연합군을 격파하고 그리스 본토 지배권을 굳혔다. 이 지배권을 쥐고 필리포스의 아들 알렉산드로스는 페르시아 원정에 나섰다. 데모스테네스는 322년 알렉산드로스의 후계자 안티파트로스에게 체포될 순간, 갈대 펜에 넣어둔 독약을 먹고 목숨을 끊었다. 그의 죽음은 아테네 민주주의의 조종을 의미했다.

데모스테네스는 연설에서 이렇게 말했다.
"신처럼 떠받드는 필리포스 왕국이 영원히 안전하게 지속될 것이라고 생각하지 마십시오. 아테네 시민들이여, 그와 친한 것처럼 보이는 사람 중에도 그를 증오하고 두려워하며 시기하는 이들이 있습니다. 그 감정은 그의 동맹자들에게도 존재합니다. 그러나 우리의 나태함과 게으름으로 인해 동맹국도 다른 방도를 찾으려는 생각조차 하지 못하고 있습니다. 우리는 이제 나태함과 게으름을 버려야 합니다. - 중략 - 제 생각에는 필요하다고 느낄 때가 행동할 때라고 봅니다. 그러면 지금 벌어지는 일을 어떻게 생각해야 합니까? 제 생각에 자유민들에게 가장 강한 행동의 필요성이 생길 때는 그들이 모욕을 받았을 때입니다. 마케도니아의 한 사람이 아테네 사람들을 복종시키고 그리스 사람들에게 명령하는 것보다 더 큰 모욕이 있겠습니까? 필리포스가 죽었나요? 아닙니다. 그러나 그는 병에 걸렸습니다. 하지만 그게 당신들에게 무슨 상관입니까? 필리포스에게 어떤 일이 생기

 **데모스테네스**는 웅변을 통해 당대 아테네의 우수한 지성을 표현하고 기원전 4세기 고대 그리스의 문화와 정치에 대한 통찰을 드러낸다. 데모스테네스는 연설문 작가로 일하던 시기에 정치에 대한 더욱 관심을 갖게 되어 기원전 354년에 처음으로 대중 앞에서 정치 연설을 했다.

DATE   /   /   SUN   MON   TUE   WED   THU   FRI   SAT

더라도 우리가 지금처럼 행동한다면 또 다른 피리포스가 나타날 것입니다. 필리포스는 자신의 힘만으로 그렇게 높이 올라선 것이 아니라, 우리의 태만함 때문에도 그렇게 된 것입니다.

- 중략 -

여러분은 이번 전쟁에 두려워할 필요가 없습니다. 풍문이나 소문에 흔들리지 말아야 합니다. 믿을 것은 단 하나뿐입니다. 그것이 무엇일까요? 우리 아테네 사람들은 이 나라를 창건한 조상들과 각자의 책임을 가지고 있으며, 그 책임을 행동으로 옮겨 어려움에 직면해 의연하게 극복해야 할 것입니다. 그렇지 않으면 재난이 닥쳐오고 아테네라는 국가도, 아테네라는 도시도, 아테네의 집도, 아테네의 사람도 모두 마케토니아 왕 필리포스가 지휘하는 군대에 짓밟혀버릴 것입니다.

여러분, 마케토니아의 군마 소리가 들리지 않습니까? 모두 다 일어나십시오. 앉아있는 사람들은 모두 일어나십시오. 서 있는 사람은 달리십시오. 그리고 목숨을 걸고 전진하여 아테네의 국경 방어선을 죽음으로 지킵시다."

 **데모스테네스**는 조국의 자유를 지키고 반 마케도니아 동맹을 세우고자 했으나, 아테네와 테바이 동맹이 〈카이로네이아 전투〉에서 패하면서 필리포스 2세가 그리스 도시 국가 전체를 정복하려던 남진 정책을 막는 데 실패했다.

DATE   /   /   /   SUN   MON   TUE   WED   THU   FRI   SAT

오늘 저는 제 자신이 지구에서
가장 운이 좋은 남자라고 생각합니다

1939년 7월 4일에 양키 스타디움에서 열린 은퇴식에서 루 게릭

팬 여러분, 지난 2주 동안 제게 찾아온 불행에 대해 알고 계실 것입니다. 그럼에도 불구하고 오늘 저는 제 자신이 지구상에서 가장 운이 좋은 남자(Luckiest Man on the Face of the Earth)라고 생각합니다. 저는 17년 동안 야구장에 있으며 여러분들로부터 호의와 격려만을 받아 왔습니다.

주변을 둘러보면, 저는 오늘 바로 이 야구장에서 유니폼을 입고 저 멋진 친구들과 함께 할 수 있습니다. 이를 특권으로 생각하지 않을 수 있을까요? 당연히 전 행운아입니다. 제이콥 루퍼트와 알고 지내는 것은 영광이며, 야구계 최고의 제국을 만들어낸 에드 버로우 단장과 함께한 것도 소중한 경험입니다. 그리고 밀러 허긴스라는 대단한 인물과 함께한 6년, 훌륭한 지도자이자 사람의 심리에도 정통한 오늘날 최고의 감독 조 맥카시와의 9년 또한 빼놓을 수 없습니다. 예, 전 행운아입니다.

무슨 수를 써서라도 이기고 싶은 상대인 뉴욕 자이언츠가 당신에게 선물을 주었다는 것도 특별한 일입니다. 또한 구장 관리인들과 저 흰색 코트를 입은 소년들까지 모두 트로피를 건네며 저를 기억해 주는 것 역시 특별한 일입니다. 제 편

 **루 게릭**은 미국 뉴욕주 뉴욕 출신으로 컬럼비아 대학교에 재학 중이던 1923년, 뉴욕 양키스에 입단하게 된다. 이후 보스턴 레드삭스에서 이적해 온 베이브 루스와 함께 팀의 중심 타선을 이루었는데, 훗날 이 타선의 이름은 살인 타선(Murderers' Row)으로 불리게 되었다.

DATE   /   /   SUN   MON   TUE   WED   THU   FRI   SAT

을 들어주시며 자신의 딸과 사소한 말다툼을 벌이시는 훌륭한 장모님이 계신 것도 아주 특별한 일입니다. 또 당신이 배울 수 있도록, 그리고 성장할 수 있도록 본인의 삶을 쏟아 일하시는 부모님이 계신다는 건 축복받은 일입니다. 당신의 버팀목이 되어주고, 당신이 생각한 것 이상으로 큰 용기를 보여주는 아내가 있다면 그건 제가 아는 가장 멋진 일입니다.

이런 시련을 겪게 됐더라도, 저는 이렇듯 헤아릴 수 없이 많은 것들을 누려왔다는 말씀을 전하며 이만 마치겠습니다. 감사합니다.

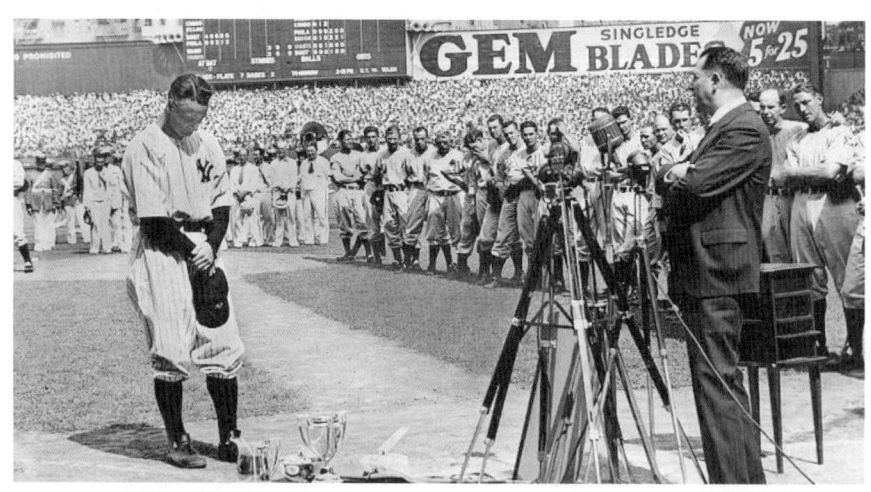

 **루 게릭**은 1941년 6월 2일 오후 10시 10분, 루 게릭은 뉴욕 브롱크스에 위치한 자택에서 숨을 거뒀다. 향년 37세였다. 소식을 듣고 베이브 루스와 그의 아내 클레어는 게릭의 집으로 가서 아내 엘러노어를 위로했다. 그는 6월 4일 뉴욕주의 켄시코 공동묘지에 묻혔다.

DATE   /   /   /   SUN   MON   TUE   WED   THU   FRI   SAT

나에게는 꿈이 있습니다
I Have a Dream
마틴 루터 킹 목사(Martin Luther King Jr. 1929~1968) 연설문

우리 역사에서 자유를 위한 가장 훌륭한 시위가 있던 날로 기록될 오늘 이 자리에 여러분과 함께하게 기쁘게 생각합니다.

백년 전, 한 위대한 미국인(링컨을 말함)이 노예해방령에 서명했습니다. 지금 우리가 서있는 이곳이 바로 그 상징적인 자리입니다. 그 중대한 선언은 불의의 불길에 시들어가고 있던 수백만 흑인 노예들에게 희망의 횃불로 다가왔습니다. 그 선언은 오랜 노예 생활에 종지부를 찍는 즐겁고 새로운 날들의 시작으로 다가왔습니다.

그러나 그로부터 백년이 지난 오늘, 우리는 흑인들이 여전히 자유롭지 못하다는 비극적인 사실을 직시해야 합니다. 백년 후에도 흑인들은 여전히 인종차별이라는 속박과 굴레 속에서 비참하고 불우하게 살아가고 있습니다. 백년 후에도 흑인들은, 이 거대한 물질적 풍요의 바다 한가운데 있는 빈곤의 섬에서 외롭게 살아가고 있습니다. 백 년 후에도 흑인들은 여전히 미국 사회의 한 귀퉁이에서 고달프게 살아가고 있습니다. 그들은 자기 땅에서 유배당한 것입니다. 그래서 우리는 오늘, 이 끔찍한 현실을 알리기 위해 이 자리에 것입니다.

 **마틴 루터 킹 목사**는 미국의 침례회 목사이자 인권 운동가·흑인 해방 운동가·권리 신장 운동가·기독교 평화주의자로 미국 내 흑인의 인권 운동을 이끈 개신교 목사 중 한 사람으로 꼽힌다. 1964년 노벨평화상을 받았다.

DATE   /   /   /   SUN   MON   TUE   WED   THU   FRI   SAT

어떤 의미에서 우리는 국가로부터 받은 수표를 현금으로 바꿔야할 시기에 도달한 것입니다. 우리 공화국의 건축가들이 헌법과 독립선언문의 장엄한 말씀을 썼을 때, 그들은 모든 미국인이 상속받을 약속어음에 서명하고 있었습니다. 이 어음은 모든 사람, 즉 흑인뿐만 아니라 백인에게도 생명·자유·행복 추구의 양도할 수 없는 권리가 보장될 것이라는 약속이었습니다.

…중략…

여러분에게 말씀드릴 것이 있습니다. 나의 벗들이여, 어제와 오늘 우리가 고난과 마주할지라도, 나는 꿈이 있습니다. 그 꿈은 아메리칸 드림에 깊이 뿌리 내린 꿈입니다.

나에게는 꿈이 있습니다. 언젠가 이 나라가 일어서서 "모든 인간은 평등하게 창조되었다는 것이 자명한 진리로 간주된다."는 신조의 진정한 의미를 실현해 낼 것이라는 꿈입니다.

나에게는 꿈이 있습니다. 언젠가는 조지아의 붉은 언덕 위에 옛 노예의 후손들과 옛 주인의 후손들이 형제애의 식탁에 함께 둘러앉는 날이 오리라는 꿈입니다.

나에게는 꿈이 있습니다. 언젠가는 불의의 열기에, 억압의 열기에 신음하는 저 미시시피주마저도, 자유와 평등의 오아시스로 변할 것이라는 꿈입니다.

나에게는 꿈이 있습니다. 저의 네 명의 어린 자식들이 피부색이 아니라 인격에 따라 평가받는 나라에 살게 되는 날이 오리라는 꿈입니다.

지금 나에게는 꿈이 있습니다!

언젠가는 저 아래 앨라배마 주가, 사악한 인종주의자들이, 주지사가 늘상 주

마틴 루터 킹 목사는 맬컴 엑스의 폭력주의 노선에 반대하고 비폭력적인 저항 운동을 주도했다. 1968년 4월 테네시주의 흑인 미화원 파업운동을 지원하러 내려갔다가 멤피스에서 총탄을 맞고 사망하였다. 백인우월주의자 제임스 얼 레이를 범인으로 지목했다.

DATE   /   /   SUN   MON   TUE   WED   THU   FRI   SAT

의 결정이 연방정부에 우선한다느니, 연방법의 실시에 대한 거부권이 있다느니 하는 말만 반복하는 바로 그 앨라배마 주가 언젠가 변하여, 흑인 소년 소녀들이 어린 백인 소년 소녀들과 손을 잡고 형제자매로서 함께 걸어갈 수 있게 되는 꿈입니다.

 어느 날 모든 계곡이 높이 솟아오르고, 모든 언덕과 산은 낮아지며, 거친 곳은 평평해지고, 굽은 곳은 곧게 펴지고, 하나님의 영광이 나타나 모든 사람이 함께 그 광경을 지켜보는 꿈입니다.

 **"나에게는 꿈이 있습니다"**는 1963년 8월 28일, 마틴 루터 킹 목사가 미국의 워싱턴 D.C. 링컨 기념관 발코니에서 워싱턴 기념탑을 바라보며 한 연설이다. 지금까지도 인류 역사상 최고의 명연설 중 하나로 평가받고 있다. 지금도 간간이 교과서에 실리거나 유명인들이 연설에서 인용하는 경우도 많다.

DATE   /   /   SUN   MON   TUE   WED   THU   FRI   SAT

자와할랄 네루의
간디 죽음에 대한 조사弔辭
자와할랄 네루 연설문(Javāharlāl Nehrū, 1889~1964)

한 위대한 인물이 세상을 떠났습니다. 우리의 삶을 따뜻하게 해주고 밝혀주었던 태양은 졌습니다. 이제 우리는 추위와 어둠 속에 떨고 있습니다. 그러나 그는 우리를 그렇게 버려두지 않을 것입니다. 결국 지난 몇 년 동안 우리는 그의 가르침을 받았고, 神聖의 불을 가진 그 위대한 인물은 우리를 변화시켰습니다. 그리고 우리 가운데 많은 사람은 그 神聖한 불로부터 조그마한 힘을 얻었으며, 그 힘은 우리를 강하게 하였고 그가 제시한 길로 우리들을 인도하였습니다.

우리가 그를 칭송할 때, 우리는 그에 합당한 말을 찾을 수 없으며, 어느 정도는 우리도 스스로를 칭찬해야 할 것입니다. 위대한 인물과 유명한 사람들은 청동이나 대리석으로 자신들을 위한 기념물을 세우지만, 신성神聖의 불을 가진 이 사람은 일생동안 수많은 사람의 가슴속에 새겨져 있으며, 비록 작은 것이긴 하지만 그것은 우리 모두를 위대하게 만들었습니다. 그는 궁궐이나 선택된 장소 혹은 의회가 아니라 인도의 모든 촌락 그리고 고통받는 천민의 집 등 전 인도에 영향을 미쳤습니다. 그는 수천만의 가슴속에 살고 있으며, 앞으로도 영원히 살아 있을 것입니다.

 **자와할랄 네루**는 인도의 독립운동가 겸 정치가이다. 사회주의 성향인 네루는 비폭력, 평화주의자인 마하트마 간디와는 달리 적극적인 파업과 투쟁적인 독립운동을 했다. 인도 독립 이후 1947년부터 1964년까지 초대 인도 총리를 역임하였다.

| DATE / / / | SUN | MON | TUE | WED | THU | FRI | SAT |

지금 이 자리에서 겸손함 이외에 그에 대해서 무슨 이야기를 할 수 있겠습니까. 우리는 그를 칭송할 자격이 없으며, 그의 이상을 올바르게 따를 수도 없습니다. 그는 우리에게 노동과 노력, 희생정신을 요구하였는데 말로만 하는 것은 그에게 누가 되는 것일 겁니다. 지난 30여 년 동안 이 나라에 희생정신을 크게 북돋아 주었는데, 이것은 다른 어떤 지역에서도 없었던 것입니다. 그는 이 분야에서 성공했습니다. 그는 부드러운 얼굴에 웃음을 잃지 않았고 다른 사람에게 상처를 주는 말을 하지 않았지만, 큰 고통을 당하였습니다. 그는 자신이 교육시켰던 현 세대들의 잘못과 그리고 우리가 그가 제시한 길에서 벗어났기 때문에, 큰 고통을 당해야 했습니다. 결국 그는 그의 한 어린아이(암살자)의 손에 의해 쓰러졌습니다.

세월이 지난 후 역사는 우리가 살았던 이 시대를 평가할 것입니다. 성공과 실패를 평가할 것입니다. 그러나 우리가 정확한 평가와 무엇이 일어났고 무엇이 일어나지 않았는지 이해하기도 아직은 너무 이릅니다. 우리가 알고 있는 것은 한 위대한 인물이 있었고, 지금은 없다는 것이며, 우리가 알고 있는 모든 것은 현재 암흑 속에 있는데 분명 그것은 그렇게 어둡지 않다는 것입니다. 왜냐하면 우리의 가슴속을 들여다보면, 우리는 아직도 그곳에 그가 붙인 타고 있는 불꽃을 발견하고 있기 때문입니다. 그리고 살아있는 그 불꽃이 존재하는 한 이 나라에 암흑은 없을 것이며, 그를 기억하고 그의 사상을 따르는 우리의 노력은 비록 작지만 다시 이 나라를 밝힐 수 있을 것입니다. 그는 우리에게 그 불을 다시 지필 것입니다.

그는 아마도 과거 인도의 위대한 상징이었으며, 그리고 우리가 맞이할 미래의 큰 상징이 될 것이라고 저는 믿습니다. 우리는 과거와 미래 사이에서 현재의

 **자와할랄 네루**는 1921년 벨기에 브뤼셀에서 개최된 피압박국 국민대회에 인도 대표로 참석. 영국 왕태자의 인도 방문 때 파업 투쟁을 주도하여 1922년~1923년까지 투옥되는 등 독립을 이루기까지 9차례 투옥되었다.

| DATE | / | / | / | SUN | MON | TUE | WED | THU | FRI | SAT |

위험한 난간에 서 있으며 온갖 위험에 직면해 있습니다. 가장 큰 위험은 우리가 꿈과 이상을 잊어버리고, 위대한 것을 빈말로만 하고 행동으로 옮기지 않을 때, 우리에게 다가오는 신념의 결여, 좌절감 그리고 열정과 영혼이 쇠약했을 때입니다. 그러나 나는 이 시기는 곧 끝나리라고 믿습니다.

그는 갔습니다. 전 인도에 적막감과 절망감만 남았습니다. 우리는 이와 같은 감정을 느끼고 있으며, 우리가 언제 그것으로 부터 벗어날 수 있을지 모르겠습니다. 그리고 그 감정과 함께 이 세대가 이 위대한 인물과 함께 하였다는 자랑스러운 감사한 마음 또한 있습니다. 앞으로 수세기 수천 년이 지난 다음에 사람들은 이 땅에 신神의 인간이 살았던 이 세대를 기억할 것이며, 소수일지라도 그의 길을 따르고 그의 발자취가 있는 성스러운 땅을 걷는 우리들을 생각할 것입니다. 우리 모두 그를 기리고 따릅시다.

 **자와할랄 네루**는 인도의 독립 운동가이지만, 아이러니하게도 자신을 "인도를 통치한 마지막 영국인"이라고 칭하면서 자신의 정체성을 인도인과 영국인의 중간쯤 위치에 놓은 친영주의자이기도 했다. 오늘날 인도에서는 입은 옷만 빼곤 전부 영국인 사람 식으로 묘사하는 경우도 적지 않다.

DATE   /   /   SUN   MON   TUE   WED   THU   FRI   SAT

노병은 죽지 않는다,
다만 사라질 뿐이다
맥아더(Douglas MacArthur, 1880~1964)의 퇴임 연설문

한국의 비극은 한반도 내에서밖에 군사적 행동을 할 수 없다는 사실 때문에 더욱 심각해지고 있습니다. 이는 우리가 구원하려고 하는 그 나라가 해군과 공군의 전면적인 폭격으로 인해 초토화되는 참상을 겪도록 형벌을 내리는 것과 같습니다. 반면, 적군의 성역聖域은 이런 공격과 참화로부터 안전하게 보호받고 있습니다.

전 세계 국가 중에서 한국만이 지금까지 모든 위험을 무릅쓰고 공산주의에 대항해 싸워 온 유일한 나라입니다. 한국 국민이 보여준 그 대단한 용기와 불굴의 의지는 말로는 다 표현할 수 없습니다. 그들은 노예 상태를 택하느니 차라리 죽음을 무릅쓰고자 했습니다. 그들이 내게 남긴 마지막 말은 "태평양을 포기하지 말라."는 것이었습니다.

저는 지금 전투 중인 여러분의 아들들을 한국에 두고 왔습니다. 그들은 그곳에서 모든 시련을 견뎌왔습니다. 그리고 저는 그들이 모든 면에서 정말 훌륭하다고 주저없이 말씀드릴 수 있습니다. 저는 그들을 보호하고 이 야만적인 분쟁을 명예롭게, 그리고 시간 손실과 인명의 희생을 최소한으로 줄이면서 끝내고자 끝

 **더글러스 맥아더**는 제1차 세계 대전의 용장, 제2차 세계 대전의 명장 등 20세기에 벌어진 주요한 전쟁에 모두 참전한 베테랑 중의 베테랑이다. 집안 역시 명문 군인 가문이어서 아버지 아서 맥아더는 육군 장성으로서 필리핀의 군정 총독이기도 했다.

DATE	/	/	/	SUN	MON	TUE	WED	THU	FRI	SAT

없이 노력했습니다. 점차 심각해지는 유혈 참사는 저를 깊은 고뇌와 근심 속에 빠뜨리고 있습니다. 이 용감한 젊은이들은 저의 마음속에 그리고 항상 저의 기도 속에 남아 있을 것입니다.

    저는 지금 52년간의 군복무를 마치려고 합니다. 제가 처음 군에 입대할 때, 20세기가 시작되기도 전이었습니다. 그 시절은 제 소년 시절의 모든 희망과 꿈의 실현되던 때였습니다. 웨스트포인트 연병장에서 임관하던 그날 이후로 세상은 여러 번 바뀌었습니다. 제 희망과 꿈도 오래전에 사라졌지만, 저는 그시절 가장 즐겨 부르던 어느 군가의 후렴 한 구절을 기억하고 있습니다. 그 노래는 "노병은 죽지 않는다, 다만 사라질 뿐이다."라고 당당하게 선언하고 있습니다. 이제 저는 그 노병처럼 이제 저는 제 군 생활을 마감하고 사라지려 합니다. 신께서 의무에 대한 깨달음을 주신 바에 따라, 자신의 의무를 다하려고 애쓴 한 노병으로 말입니다. 감사합니다.

 **더글러스 맥아더**는 "전쟁이 불가피하다면 유효한 수단을 동원해 신속히 그 전쟁을 끝내는 것 말고 달리 대안이 없다. 전쟁의 최고 목표는 우유부단하게 끄는 것이 아니라 승리이다. 노병은 결코 죽지 않고 사라질 뿐이다.(Old soldiers never die, they just fade away.)"

소설은 우리의 영혼을 반영합니다.

인간의 가장 깊은 내면을 탐구한 피츠제럴드, 카뮈, 괴테 같은 작가들의 작품은 우리가 놓치고 있던 삶의 진실을 다시 일깨워 줍니다. 그들의 문장은 단순한 이야기가 아니라, 삶의 본질을 추구하는 철학적 탐구입니다. 필사를 통해 그들의 시각을 체험하며, 당신의 내면도 그들과 함께 성장할 것입니다.

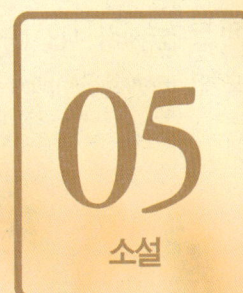

05
소설

- 욕망의 충족이 곧 행복을 의미하는 것은 아니다
- 방심하는 사이에 시간의 바깥으로 걸어 나오고 말았다
- 누구든 남을 비판하고 싶을 때면 언제나 이 점을 명심하여라
- 자기가 태어날 곳이 아닌 데서 태어나기도
- 진정한 상상력을 발휘해 본 적이 없었다
- 너는 저들의 행위에서 벗어나 너 자신을 깨끗이 하여라
- 굳이 남의 그릇에 눈독을 들일 필요가 없다
- 그를 멸시한 세계에 내가 속하게 되었다
- 눈의 고장이었다. 밤의 밑바닥이 하얘졌다
- 나는 고양이로소이다. 이름은 아직 없다

욕망의 충족이
곧 행복을 의미하는 것은 아니다

버트런드 러셀(Bertrand Arthur William Russell, 1872~1970)의 『행복의 정복』 중에서

일상적인 욕망을 쉽게 충족시킬 수 있는 사람은 욕망의 충족이 곧 행복을 의미하는 것은 아니라고 결론짓는다.

만약 철학적인 기질을 가진 사람이라면 원하는 것을 빠짐없이 가지고 있어도 불행에서 벗어날 수 없으니, 인간의 삶은 본질적으로 비참한 것이라고 결론짓는다.

이런 사람은 원하는 것들 중 일부가 부족한 상태가 행복의 필수조건이라는 점을 간과하고 있다.

 **버트런드 러셀**은 현대의 주류 철학적 흐름인 분석철학을 창시하였다. '시드니 훅'은 러셀을 가리켜 500년 만에 한 번 나올까 말까한 천재라 평하였다. 말년에까지 지치지 않고 사회운동(반핵, 반전 운동 등)을 계속했던 당대 최고의 명사이기도 했다. 1950년 노벨문학상 수상자다.

DATE   /   / | SUN | MON | TUE | WED | THU | FRI | SAT

방심하는 사이에 시간의 바깥으로 걸어 나오고 말았다
위화(余华, 1960~)의 『가랑비 속의 외침』 중에서

목숨을 잃던 그 여름날 집을 나서던 동생의 모습은 평상시와 조금도 다른 구석이 없었다….
나의 시선이 기나긴 회상의 길을 넘어 다시 쑨광밍을 보았을 때, 녀석이 나선 곳은 이미 우리 집이 아니었다.
동생은 방심하는 사이에 시간의 바깥으로 걸어 나오고 말았다.
한 번 시간에서 벗어나자 녀석은 그대로 그 자리에 고정되어 버렸고, 우리는 시간이 등을 떠미는 대로 계속 앞으로 나아갔다.

기쁨과 슬픔·흥분과 무료함·감탄과 환멸이 뒤얽힌 유년 시절을 '시간'이 아닌, '기억'의 순서에 따라 풀어낸 작품이다. 폭력과 죽음에 천착한 실험성 강한 중단편을 쓰던, 소위 선봉파의 대표 작가 위화가 1993년에 발표한 첫 장편소설이다.

 **위화**는 중국의 소설가이다. 고등학교를 졸업하고 치과에 취직하여 발치인(이빨을 뽑아주는 사람)으로 일하였고, 루쉰 문학원을 이수한 후 1983년부터 글쓰기를 시작했다. 실험성 강한 중단편 소설을 내놓으며 중국 제3세대 문학을 대표하는 작가이며 중국 선봉파 소설의 대표 작가이다.

DATE   /   /   SUN   MON   TUE   WED   THU   FRI   SAT

누구든 남을 비판하고 싶을 때면
언제나 이 점을 명심하여라
스콧 피츠제럴드(Francis Scott Key Fitzgerald, 1896~1940)의 『위대한 개츠비』 중에서

아버지는 이렇게 말씀하셨다.
"이 세상 사람이 다 너처럼 유리한 입장에 놓여 있지는 않다는 것을 말이다."
"지금보다 나이도 더 적고 마음도 더 여렸던 시절 아버지가 해주셨던 충고를 나는 지금까지 마음속으로 곱씹고는 한다."
"딸이라 기뻐. 멍청했으면 좋겠어. 여자한텐 그게 세상에서 최선일테니까. 예쁘고 어린 멍청이."
"과거를 반복할 수 없다고? 할 수 있고말고!"
"넌 그런 쓰레기 같은 놈들을 전부 모아놓은 것보다 가치 있는 사람이야."
"개츠비는 그 초록색 불빛을, 해마다 우리 눈앞에서 뒤쪽으로 물러가고 있는 극도의 희열을 간직한 미래를 믿었다. 그것은 우리를 피해 갔지만 별로 문제 될 것은 없다─내일 우리는 좀 더 빨리 달릴 것이고 좀 더 멀리 팔을 뻗을 것이다…. 그리고 어느 맑게 갠 날 아침에…. 그리하여 우리는 과거로 끊임없이 흘러들어가면서도 해류에 맞서 배를 띄우고 파도를 가른다."

스콧 피츠제럴드는 미국의 소설가이다. 어니스트 헤밍웨이, 윌리엄 포크너와 함께 잃어버린 세대를 대표하는 작가 중 한 명. 그의 작품인 『위대한 개츠비』는 보통 영미권에서 20세기 최고의 작품으로 꼽힌다. 일순간의 영광을 맛보았지만, 불행한 삶을 살다 간 대문호이다.

DATE   /   /   /   SUN   MON   TUE   WED   THU   FRI   SAT

자기가 태어날 곳이 아닌 데서
태어나기도

서머싯 몸(William Somerset Maugham, 1874~1965)의 『달과 6펜스』 중에서

나는 이런 생각이 든다.
어떤 사람들은 자기가 태어날 곳이 아닌 데서 태어나기도 한다고.
그런 사람들은 비록 우연에 의해 엉뚱한 환경에 던져지긴 했지만
늘 어딘가 모를 고향에 대한 그리움을 가지고 산다.

 **서머싯 몸**은 잉글랜드의 의사, 소설가 겸 극작가이다. 소설가로서 더 유명하지만 극작에도 재능을 보여, 이국정서의 색채가 짙은 살롱극을 몇 개 남기고 있다. 그의 시대에서 제일 유명한 작가였으며, 1930년대에 세계에서 제일 수입이 많은 작가였다.

DATE   /   /   /   SUN   MON   TUE   WED   THU   FRI   SAT

진정한 상상력을
발휘해 본 적이 없었다

알베르 카뮈(Albert Camus, 1913~ 1960)의 『이방인』 중에서

나는 심장이 뛰는 소리를 듣고 있었다.

오래전부터 나를 따라다니던 그 소리가 멎어 버릴 수 있으리라고는

아무리 해도 상상이 되지 않았다.

나는 진정한 상상력을 발휘해 본 적이 없었다.

 **알베르 카뮈**는 프랑스의 피에 누아르 작가, 언론인이자 철학자이다. 카뮈는 자신의 삶을 통틀어 독일의 파시즘이나 스탈린주의 같은 전체주의의 다양한 형태에 관하여 수많은 반대 성명을 발표하고 반대 행동을 실천에 옮기기도 했다.

DATE   /   /   /   SUN   MON   TUE   WED   THU   FRI   SAT

너는 저들의 행위에서 벗어나
너 자신을 깨끗이 하여라

단테 알리기에리(Durante degli Alighieri, 1265년~1321)의 『신곡 지옥편』 중에서

세상의 오래된 격언은 저들의 눈이 멀었다고 한다.
과연 저들은 인색하고 질투심에 교만까지 갖춘 자들이니,
너는 저들의 행위에서 벗어나 너 자신을 깨끗이 하여라.

 **단테**는 몰락 귀족이지만 경제적으로는 어느 정도 여유 있는 집안에서 태어나서 10대 후반에 가장이 되지만 경제적으로든 힘든 처지는 아니었고. 젊은 시절부터 문학과 학문으로 지위를 얻었으며 정치 무대에서도 두각을 드러냈고 정치적 분쟁에 휘말려 추방당했고 결국 타향 라벤나에서 죽었다.

DATE   /   /   SUN   MON   TUE   WED   THU   FRI   SAT

굳이 남의 그릇에
눈독을 들일 필요가 없다

솔제니친(Aleksandr Solzhenitsyn, 1918~2008)의 『이반 데니소비치 수용소의 하루』 중에서

슈호프는 자기 몫의 국을 다 먹어가고 있었지만,

여느 때와 같이 옆자리를 힐끔거리지는 않는다.

정당한 자기 몫을 먹고 있는데,

굳이 남의 그릇에 눈독을 들일 필요가 없기 때문이다.

푸틴이 알렉산더 솔제니친에게 국가공로상을 전달하고 있다.

 **솔제니친**은 러시아의 소설가이다. 소련 육군 대위 시절 제2차 세계 대전에 참전키도 한 그는 1945년 8월, 2차 대전 종전 후에도 소련군 포병 장교로 근무하던 중 스탈린의 분별력을 의심하는 내용을 담은 편지를 친구에게 보냈다가 1945년 11월에 투옥되어 10년 동안 수용소 생활을 했다.

DATE	/	/	/	SUN	MON	TUE	WED	THU	FRI	SAT

그를 멸시한 세계에
내가 속하게 되었다

아니 에르노(Annie Thérèse Blanche Ernaux, 1940년 9월 1일~)의 『남자의 자리』 중에서

그를 멸시한 세계에 내가 속하게 되었다는 것,

이것이야말로 그의 가장 큰 자부심이요,

심지어는 그의 삶의 이유 자체였는지도 모른다.

**아니 에르노**는 프랑스의 작가이자 문학 교수였다. 2003년 그의 이름을 딴 아니 에르노상이 제정되었다. "개인 기억의 뿌리, 소외, 집단적 구속을 밝혀내는 용기와 꾸밈 없는 예리함"으로 2022년 노벨문학상을 수상했다.

| DATE / / / | SUN | MON | TUE | WED | THU | FRI | SAT |

눈의 고장이었다.
밤의 밑바닥이 하얘졌다

기와바타 야스나리(川端 康成 かわばた やすなり, 1899~1972)의 『설국』 중에서

국경의 긴 터널을 빠져나오자, 설국이었다.

밤의 밑바닥이 하얘졌다. 신호소에 기차가 멈춰 섰다.

건너편 좌석의 여자가 일어서 다가오더니, 시마무라 앞의 유리창을 열어젖혔다.

눈의 냉기가 흘러들었다.

여자는 한껏 창밖으로 몸을 내밀어 멀리 외치는 듯이,

"역장니임, 역장니임~"

등불을 들고 천천히 눈을 밟고 온 남자는 목도리를 콧등까지 두르고, 귀에 모자의 모피를 드리우고 있었다.

가와바타 야스나리는 일본의 소설가이다. 아름답고 유려한 문장으로 아주 유명했으며, 설국 등의 유명한 작품들을 통해 1968년 일본인 최초 노벨문학상을 수상하였다. 자살로 생을 마감하였는데, 이에 대해 사고사라는 주장과 자살이라는 주장이 맞선다.

DATE	/	/	/	SUN	MON	TUE	WED	THU	FRI	SAT

나는 고양이로소이다.
이름은 아직 없다.

나쓰메 소세키(夏目 漱石, なつめ そうせき, 1867~1916)의 『나는 고양이로소이다』 중에서

고양이로 태어나 인간 세상에 살게 된 것도 이제 2년이 넘었다. 나로서는 이 정도로 식견 있는 고양이는 다시 없을 거라 생각했는데, 지난번에 듣도 보도 못한 무르라는 동족이 불쑥 나타나 기염을 토하는 바람에 살짝 놀랐다. 잘 들어보니 실은 백년 전에 죽었는데 어쩌다가 호기심이 발동하여 나를 놀라게 하려고 일부러 유령이 되어 멀리 저승에서 출장을 왔다고 한다. 이 고양이는 어머니를 만나러 갈 때 인사의 징표로 물고기 한 마리를 물고 갔는데 도중에 도저히 참을 수 없어 자신이 먹어버렸을 정도로 불효자인 만큼, 재주도 인간에게 지지 않을 정도로 상당하다. 한번은 시를 지어 주인을 놀라게 한 적도 있다고 한다. 이런 호걸이 한 세기도 전에 출현했다면, 나처럼 변변치 않은 놈은 진작 이 세상에 하직을 고하고 무하유향無何有鄕에 돌아가 유유자적해도 좋을 것이다.

> 호두까기 인형으로 유명한 독일 소설가 E. T. A. 호프만의 장편소설『수고양이 무어의 인생관
> (원제 : Lebensansichten des Katers Murr) 수고양이 무르의 인생관牡猫ムルの人生観』(1819년 1부,
> 1821년 2부)과 유사해서 표절 의혹을 받고 있다.

176 소설

나쓰메 소세키는 일본의 소설가이자 영문학자이다. 모리 오가이와 더불어 메이지 시대의 대문호로 꼽힌다. 소설, 수필, 하이쿠, 한시 등 여러 장르에 걸쳐 다양한 작품을 남겼다. 나쓰메 소세키의 초상은 일본 지폐 천엔￥권에 담겨 있었으나, 현재 천엔￥권에는 노구치 히데요로 바뀌었다.

DATE   /   /   SUN   MON   TUE   WED   THU   FRI   SAT

명언은 시대를 움직이는 힘입니다.

때로는 몇 마디의 말이, 우리에게 깊은 인상을 남기고 평생의 동반자가 됩니다. 소크라테스, 처칠, 괴테, 에밀리 디킨슨 등 위대한 인물들의 명언과 시는 당신의 삶에 새로운 영감을 불어넣고, 그 단어 하나하나가 강력한 무기가 되어 당신을 이끌 것입니다.

06
명언

- 죽은 개의 영전에 바치는 말로는 정당한 찬사이리라
- 어머니는 제 인생의 나침반이었습니다
- 행복한 날, 불행한 날
- 독서의 법칙
- 메모의 법칙
- 인생 과업 중에 가장 어려운 것은?
- 나 자신을 모른다는 것은, 알고 있다는 것이나
- 말하는 것에 습관적으로 저지르는 여덟 가지 과오
- 즐거움과 필요한 것
- 모욕의 이중성
- 웃음은 몸 안의 조깅입니다
- 만남과 결혼

죽은 개의 영전에 바치는 말로는 정당한 찬사이리라.

조지 고든 바이런(George Gordon Byron, 1788~1824)

여기에 개가 묻혀있다.
그는 아름다움을 가졌으나
허영심이 없었고 힘을 가졌으나
거만하지 않았다.

용기를 가졌으나 잔인하지 않았고
덕목을 가졌으나 악덕은 갖지 않았다.

이러한 칭찬이 인간의 유해 위에
새겨진다면 의미 없는 아부가 되겠지만
죽은 개의 영전에 바치는 말로는
정당한 찬사이리라.

 **조지 고든 바이런**은 영국의 철학자이자 작가이다. 존 키츠, 퍼시 비시 셸리와 함께 낭만주의 문학을 선도했던 인물이다. 그리스 문화를 사랑했던 그는 「오늘 나는 36세가 되었다」라는 시를 마지막으로 사망하였다. 자기 자신을 노래하고 생각하는 시인으로서 자유롭게 살다 죽은 낭만주의자였다.

DATE	/	/	/	SUN	MON	TUE	WED	THU	FRI	SAT

어머니는 제 인생의
나침반이었습니다

윈스턴 처칠(Sir Winston Leonard Spencer-Churchill, 1874~1965)

세계적인 인물로 부상했을 때 영국의 한 신문사가,
유치원부터 대학까지 처칠을 가르친 교사들을 전수 조사해서
'위대한 스승들'이란 제목으로 특집기사를 실었다.
그 기사를 읽은 처칠은 신문사에 자신의 마음을 담은 짤막한 편지 한 통을 보냈다.
"귀 신문사에서는 나의 가장 위대한 스승을 찾아내지 못했습니다.
그분은 바로 나의 어머니이십니다.
어머니는 제 인생의 나침반이었습니다."

윈스턴 처칠은 영국의 총리를 두 번 역임한 정치가이다. 제2차 세계 대전 중에 총리가 되어 연합군을 승리로 이끈 전쟁영웅이다. 1922년부터 1924년까지 총 2년을 제외하고 그는 1900년부터 1964년까지 국회의원(MP)이었다. 1965년 1월 24일 91세로 세상을 떠났다. 1953년 노벨문학상을 수상했다.

DATE   /   /   SUN   MON   TUE   WED   THU   FRI   SAT

행복한 날
불행한 날
나폴레옹(Napoléon Bonaparte, 1769~1821)과 헬렌 켈러(Helen Keller, 1880~1968)

나폴레옹은 유럽을 제패한 황제였지만,

"내 생애 행복한 날은 6일 밖에 없었다."고 고백했고,

헬렌 켈러는,

"내 생애 행복하지 않은 날은 단 하루도 없었다."는

고백을 남겼다.

  **헬렌**은 장수했으나 그만큼 주변 사람들을 먼저 떠나보냈다. 먼저 애니가 1936년에 세상을 떴고 2차 대전이 끝난 뒤에는 코네티컷에 있던 집에 불이 나서 그동안 쓴 원고가 대부분 소실됐다. 화재 때문에 원고를 다시 써 1958년에 출간했다.

독서의 법칙
빌게이츠(Bill Gates, 1955~)

다양한 종류의 책을 가능한 많이 읽는 습관은
시대를 초월하여 지식을 담을 수 있는
가장 좋은 방법입니다.

독서란 기본적으로 생각의 폭을 넓힐 뿐 아니라
깊고 다양한 정보를 얻을 수 있게 함으로써
부자가 되는 방법까지도 스스로 터득할 수
있도록 도와줍니다.

 **빌게이츠**는 미국의 마이크로소프트 설립자이자 기업인이다. 그는 당시 프로그래밍 언어인 베이직 해석프로그램과 알테어용 프로그래밍 언어인 알테어 베이직을 개발했다. 마이크로소프트에서 근무하면서 2014년 5월까지 회장·최고경영자·사장·최고 소프트웨어 설계자 등의 직책을 맡았다.

DATE   /   /   /   SUN   MON   TUE   WED   THU   FRI   SAT

메모의 법칙
손정의(Son Masayoshi, 1957~)

메모의 법칙은 머릿속에 번쩍하고 떠오른
생각이나 관찰한 것을 보고 느낀 점을
그 자리에서 바로 기록하는 것입니다.

그때그때 적어둔 다양한 메모는
위기의 상황에 많은 도움이 됩니다.

따라서 메모에도 기술이 필요합니다.
메모는 이야기의 요점을 파악해
적어두는 것이 좋습니다.

 **손정의**는 한국계 일본인이며 소프트뱅크의 창립자 겸 소프트뱅크 그룹 대표이사 사장, 소프트뱅크 대표 집행역 사장 겸 CEO, 후쿠오카 소프트뱅크 호크스의 오너 등을 맡고 있다. 2022년까지 일본 내 1위 자산가였다. 일본 내 재일 한국인 집안에서 지금의 소프트뱅크를 일군 신화적인 기업가다.

DATE	/	/	SUN	MON	TUE	WED	THU	FRI	SAT

인생 과업 중에
가장 어려운 것은?

마리아 릴케(Rainer Maria Rilke, 1875~1926)

누군가를 사랑한다는 것은,
우리의 인생 과업 중에
가장 어려운 마지막 시험이다.
다른 모든 것은
그 준비 작업에 불과하다.

 **라이너 마리아 릴케**는 『말테의 수기』로 유명한 프라하 출신의 오스트리아 문학가이다. 으뜸으로 평가받는 시인 중 한 명이다. 한국 시인 백석, 김춘수와 윤동주가 그의 영향을 받았다고 하며, 백석의 시 「흰 바람벽이 있어」와 윤동주의 시인 「별 헤는 밤」에도 이름이 등장한다.

DATE   /   /   /   SUN   MON   TUE   WED   THU   FRI   SAT

나 자신을 모른다는 것은,
알고 있다는 것이다

소크라테스(Socrates, 기원전 470~기원전 399)

"너 자신을 알라"하고 일갈했을 때,

그의 친구들이 그럼,

"당신은 자신을 아느냐?"라고 되물었다.

그때 소크라테스는 "나도 모른다."

그러나 적어도 나는

"나 자신을 모른다는 것은 알고 있다."

**소크라테스**는 생전에 어떤 기록도 남기지 않았으며, 오직 아리스토파네스·크세노폰·플라톤 같은 당대 인물들이 소크라테스에 대해 남긴 기록만이 남아 있을 뿐이다. '소크라테스는 실제로 어떤 사람이었으며, 실제로 어떤 생각을 했는가?'라는 문제를 두고 "소크라테스 문제(Socrates problem)"라고 부른다.

DATE / /	SUN	MON	TUE	WED	THU	FRI	SAT

말하는 것에 습관적으로
저지르는 여덟 가지 과오

장자莊子(BC 369~BC 289)

1. 자기 할 일이 아닌데 덤비는 것은 '주착做錯'이라 한다.
2. 상대방이 청하지도 않았는데 의견을 말하는 것은 '망령妄靈'이라 한다.
3. 남의 비위를 맞추려고 말하는 것을 '아첨阿諂'이라 한다.
4. 시비를 가리지 않고 마구 말을 하는 것을 '푼수[分數]'라고 한다.
5. 남의 단점을 말하기 좋아하는 것을 '참소讒訴'라 한다.
6. 남의 관계를 갈라놓는 것을 '이간離間질'이라 한다.
7. 나쁜 짓을 칭찬하여 사람을 타락시킴을 '간특奸慝'하다 한다.
8. 옳고 그름을 가리지 않고 비위를 맞춰 상대방의 속셈을 뽑아보는 것을 '음흉陰凶'하다 한다.

장자는 BC 4세기에 활동한 중국 도가 초기의 가장 중요한 사상가이다. 본명은 장주莊周. 그가 쓴 『장자』는 도가의 시조인 노자가 쓴 것으로 알려진 『도덕경 道德經』보다 더 분명하며 이해하기 쉽다. 장자의 사상은 중국불교의 발전에도 영향을 주었으며, 중국의 산수화와 시가詩歌에도 많은 영향을 미쳤다.

DATE   /   /   /   SUN   MON   TUE   WED   THU   FRI   SAT

즐거움과
필요한 것
헤르만 카를 헤세(Hermann Karl Hesse, 1877~1962)

지극한 즐거움 중에서

책 읽는 것에 비할 것이 없고,

지극히 필요한 것 중

자식을 가르치는 일 만한 것이 없다.

 **헤르만 헤세**는 독일계 스위스인이며, 시인·소설가·화가이다. 1923년 스위스 국적을 취득했고, 제2차 세계 대전 때에 헤르만 헤세의 작품은 인쇄에 필요한 종이가 배당되지 않게 한 나치의 탄압을 받았다. 1946년에 『유리알 유희』로 노벨문학상을 수상했다.

DATE / /	SUN	MON	TUE	WED	THU	FRI	SAT

모욕의
이중성
프랭크 크레인(Frank Crane)

정직한 사람은 모욕을 주는 결과가 되더라도
진실을 말하며,
잘난 체하는 자는 모욕을 주기 위해
진실을 말한다.

 **프랭크 크레인**은 미국의 성직자이자 인기 있는 작가였다. 1882년 감리교 감독교회에서 목사 안수를 받고 25년 이상 목사로 섬긴 그는 1909년부터 신문 칼럼과 성찰과 조언이 담긴 책을 썼다. 말년에 그는 당뇨병을 앓았고 1928년 11월 5일 프랑스 니스에서 뇌내출혈로 세상을 떠났다.

DATE   /   /   SUN   MON   TUE   WED   THU   FRI   SAT

웃음은 몸 안의
조깅입니다

찰리 채플린(Charles Spencer Chaplin Jr.1889~1977)

88세에 세상을 떠난

"찰리 채플린"이 남긴 4가지 명언

1. 세상에 영원한 것은 없다. 우리들의 문제조차도.
2. 난 빗속을 걷는 것을 좋아한다. 아무도 내 눈물을 볼 수 없기 때문이다.
3. 우리 삶에서 가장 의미 없는 날들은 웃지 않은 날 들이다.
4. 세상에서 가장 훌륭한 의사 6명은 The sun(태양), Rest(휴식), Exercise(운동), Diet(다이어트), Self - Respect(자존감), Friends(친구) 이 모든 것과 함께 당신의 삶을 즐기세요.

삶은 여행일 뿐입니다.
그러니 오늘을 충실히 사십시오.
내일은 안 올지도 모르니까요.

 **찰리 채플린**은 영국의 배우·코미디언·영화감독이자 음악가로 무성 영화 시기에 크게 활약한 인물이다. '리틀 트램프' 캐릭터를 통해 전세계적 아이콘이 되었으며 영화 산업계 역사상 가장 중요한 캐릭터로 인식된다. 빅토리아 시대부터 88세로 죽을 때까지 75년을 일했다. 수많은 찬사와 비난을 받아왔다.

| DATE | / | / | / | SUN | MON | TUE | WED | THU | FRI | SAT |

만남과 결혼

소크라테스(Socrates, 기원전 470년~기원전 399)

반드시 결혼하라.

좋은 아내를 만나면 행복할 것이고

악처를 얻으면 철학자가 될 것이다.

 **소크라테스**는 기원전 469년 고대 그리스 아테나이에서 태어나 일생을 철학의 제 문제에 관한 토론으로 일관한 서양 철학에서 첫 번째 인물로 평가되고 있다. 그의 죽음은 멜레토스·아니토스·리콘 등에 의해 '신성 모독죄'와 '젊은 세대들을 타락시킨 죄'로 기원전 399년에 71세에 사약을 마시고 죽었다.

DATE   /   /   SUN   MON   TUE   WED   THU   FRI   SAT

시는 짧지만 강렬한 폭발입니다.

짧은 시 한 편이 우리에게 깊은 인상을 남기고 평생의 동반자가 됩니다.

07 명시

- 오, 내 사랑 그대여
- 기억해 줘요, 우리들 앞날의 계획을
- 물속의 섬
- 첫사랑
- 비 오는 날
- 붉고 귀여운 입을 가진 아가씨
- 날은 어느덧 저물어 가고 있었다
- 끝 간 데 없이 늘어선 생울타리
- 들장미
- 탱자꽃
- 겨울이 왔다
- 인생 예찬
- 애타는 가슴 하나 달랠 수 있다면
- 가보지 못한 길

- 내일
- 삼월의 노래
- 미완성이 정상이다
- 나무들의 목소리
- 메시지
- 그리고 어떤 미소
- 종소리
- 석류들
- 감각
- 영원히
- 가을의 노래
- 아, 꽃처럼 저 버린 사람
- 여자의 마음

오,
내 사랑 그대여

윌리엄 셰익스피어(William Shakespeare, 1564~1616)

오 나의 연인이여, 어디를 헤매고 다니나요?

오 멈춰서 들어봐요, 그대의 참사랑이 오잖아요

높게도 낮게도 노래할 수 있는

더는 방황하지 말아요

어여쁜 그대여

연인을 만나면 방황이 끝나는걸

어리석은 그 누구라도 다 알잖아요

사랑이 뭔가요, 저 먼 앞날에 있는 게 아니에요

지금 즐거우면 지금 웃으세요

앞일은 항상 어찌 될지 모르잖아요

미룬다고 좋아질 건 없어요

그러니 와서 키스해 주세요, 달콤하게, 몇 번이고

젊음은 영원하지 않으니까요.

 **윌리엄 셰익스피어**는 영국이 낳은 국민 시인이며 현재까지 가장 뛰어난 극작가로 손꼽힌다. 오늘날에도 세계 여러 나라에서 그토록 자주 작품이 공연되는 작가는 없다. 동료 극작가 벤 존슨은 셰익스피어를 일컬어 "한 시대가 아닌 만세를 위한" 작가라고 말한다.

DATE / / SUN MON TUE WED THU FRI SAT

기억해 줘요,
우리들 앞날의 계획을
크리스티나 로제티(Christina Rossetti, 1830~1894)

내가 떠나고 나면 나를 기억해 줘요,
저 먼 고요한 땅으로 떠나고 나면.

당신이 더 이상 내 손을 잡을 수 없고,
나는 돌아서려다 멈춰 서서 머물지 못할 거예요.

하루하루
우리들 앞날의 계획을

당신에게 들을 수 없을 때,
그때 나를 기억해 줘요.

나를 잊어도 괜찮아요, 괜찮아요.
당신이 슬픔으로 날 기억하는 것보다는
기억에서 나를 지워도 좋으니까요.

크리스티나 로제티는 영국의 여류 시인이다. 단테 가브리엘 로세티의 누이동생이다. 라파엘 전파 운동에는 가담하지 않았지만, 그 기관지 『맹아』에 익명으로 우수한 서정시 「꿈의 나라」 등 7편을 실었다. 『도깨비 시장』(1862)과 「왕자의 여행」(1866) 등의 동요풍이고 공상적인 시를 썼다.

DATE	/	/	SUN	MON	TUE	WED	THU	FRI	SAT

물속의 섬
윌리엄 버틀러 예이츠(William Butler Yeats, 1865~1939)

수줍어하는, 수줍어하고
수줍어하는 나의 님
님은 불빛 속에서 움직인다.
시름에 잠겨 홀로.

님은 접시를 가지고 들어와
한 줄로 늘어놓는다.
나는 가리라, 님과 함께
물속의 섬으로

님은 초를 가지고 들어와
커튼 친 방에서 불을 켠다.
문간에서 수줍어하며
어둠 속에서 수줍어하며,

토끼처럼 수줍어하고
도움을 베풀며 수줍어하는 님
나는 날아가리라, 님과 함께
물속의 섬으로.

 **윌리엄 버틀러 예이츠**는 아일랜드의 시인이자 극작가이다. 20세기 영문학과 아일랜드 문학에 있어서 가장 영향력 있는 인물 중 한 명으로 평가받는다. 1889년 서완하고 탐미적인 첫 시집을 발간한 이후로 그의 시는 특유의 사실주의적 묘사를 발전시켜 나갔다. 1923년 노벨문학상을 수상했다.

DATE   /   / | SUN | MON | TUE | WED | THU | FRI | SAT |

첫사랑
괴테(Johann Wolfgang von Goethe, 1749~1832)

아, 누가 그 아름다운 날을 돌려줄 것이냐,
그 첫사랑의 날을.
아, 누가 그 아름다운 때를 돌려줄 것이냐,
그 사랑스러운 때를.

쓸쓸히 나는 이 상처를 기르고 있다.
끊임없이 되살아나는 슬픔에
잃어버린 행복을 슬퍼한다.
아, 누가 그 아름다운 날을 가져다 줄 것이냐!
그 즐거운 때를.

 **괴테**는 독일의 문학가이자 연극감독·도서관장·철학자이다. 한때는 작센바이마르 공국의 재상이었다. 근현대 독일의 가장 위대한 문인이자, 윌리엄 셰익스피어나 미겔 데 세르반테스에 버금가는 문학의 신화로 여겨진다. 독문학을 넘어 서양 문학을 논할 때 절대 빼놓을 수 없는 인물이다.

DATE	/	/	SUN	MON	TUE	WED	THU	FRI	SAT

비 오는 날

헨리 워즈워스 롱펠로우(Henry Wadsworth Longfellow, 1807~1882)

날은 어둡고 쓸쓸하다.
비 내리고 바람은 쉬지도 않고
넝쿨은 아직 무너져 가는 벽에
떨어지지 않으려고 붙어 있건만
모진 바람 불 때마다 죽은 잎새 떨어지며
날은 어둡고 쓸쓸하다.

내 인생 춥고, 어둡고, 쓸쓸하다
비는 내리고 쉬지도 않고
내 생각 아직 무너지는 옛날을 놓지 아니하려고 부둥키건만
지붕 속에서 청춘의 희망은 우수수 떨어지고
나날은 어둡고 쓸쓸하다

조용하거라, 슬픈 마음들이여!
그리고 한탄일랑 말지어다
구름 뒤에 태양은 아직 비치고
그대의 운명은 뭇사람의 운명이니
누구에게나 반드시 얼마간의 비는 내리고
어둡고 쓸쓸한 날 있는 법이니

 **헨리 워즈워스 롱펠로**는 미국의 시인이다. 「인생 찬가」나 「에반젤린」 등의 시로 잘 알려져 있으며, 단테의 『신곡』을 미국에서 처음 번역했던 인물이기도 하다. 그는 초월주의 운동이 일어난 시점에 활약하였지만, 초월주의자는 아니었다.

DATE   /   /   SUN   MON   TUE   WED   THU   FRI   SAT

〈따라쓰기〉

날은 어둡고 쓸쓸하다.
비 내리고 바람은 쉬지도 않고
넝쿨은 아직 쓰러져 가는 벽에
떨어지지 않으려고 붙어 있건만
모진 바람 불 때마다 죽은 잎새 떨어지며
날은 어둡고 쓸쓸하다.

내 인생 춥고, 어둡고, 쓸쓸하다
비는 내리고 쉬지도 않고
내 생각 아직 쓰러지는 옛날을 놓지 아니하려고 부둥키건만
지붕 속에서 청춘의 희망은 우수수 떨어지고
나날은 어둡고 쓸쓸하다

붉고 귀여운 입을 가진 아가씨

하이네(Heinrich Heine, 1797~1856)

붉고 귀여운 입을 가진

달콤하고 시원스런 눈을 가진 아가씨

나의 귀여운 어린 아가씨

언제나 나는 너를 잊지 않는다.

이 긴 긴 겨울밤을

네 곁에 있고 싶다.

너와 나란히 정든 방에 앉아

이야기하고 싶다.

네 작은 하이얀 손을

나는 입에 가져다 대고

그 손을 눈물로 적시고 싶다.

네 작은 하이얀 손아.

 **하이네**는 유대계 독일의 시인이자 작가·기자·문학평론가다. 신랄한 풍자와 비판의식과 허무주의적 경향이 강한 시와 사설을 남겼으며, 독일 정부의 미움을 받아 추방되기도 하였다. 괴테와 더불어 독일이 낳은 세계적인 시인이다.

DATE   /   /   /   SUN   MON   TUE   WED   THU   FRI   SAT

날은 어느덧
저물어 가고 있었다
릴케(Rainer Maira Rilke, 1875~1926)

해는 어느덧 저물어 가고 있었다.
숲에는 신비로운 기운이 감돌고
송아지 발치에서는 시클라멘꽃이 피를 토하고 있었다.

높다란 전나무는 줄기마다 불기둥이다
바람이 불면 훗훗한 향내가 몰려왔다
우리는 먼 길을 걸어온 탓으로 당신은 늘어질 대로 늘어졌다
나는 나직한 목소리로 당신의 그리운 이름을 불러 보았다.

그러자 당신의 마음속 흰 나리꽃 씨앗에서
열정의 불 나리꽃이
황홀에 젖어 마구 비집고 나왔다.

빨갛게 물든 저녁 당신 이도 빨갛게 물이 들었다

 **릴케**는 오스트리아와 헝가리 제국 보헤미아 왕국의 프라하에서 출생하여 고독한 소년 시절을 보낸 후 1886년부터 1891년까지 육군 유년 학교에서 군인 교육을 받았으나 중퇴하였다. 프라하·뮌헨·베를린 등의 대학에서 공부하였다. 일찍부터 꿈과 동경이 넘치는 섬세한 서정시를 썼다.

DATE   /   /   /   SUN   MON   TUE   WED   THU   FRI   SAT

꼭 내 입술이 그리움에 화끈 달아 찾아낸 입술 같구나
그리고 삽시에 우리 몸을 활활 불태우고 마는 저 불길
옷을 질투라도 하듯 내 입술을 핥았음에
숲은 고요하고 하루 남은 목숨이 다했다.

하나 우리를 위해 구세주는 부활하고
하루 해와 더불어 질투도 어려움도
목숨이 끊겼다
달은 우리의 언덕에 커다랗게 올라서고
하얀 배에서는 소리 없이 행복이 솟아 올랐다.

 **릴케**는 죽음 직전에 병은 백혈병으로 진단되었다. 그는 입속 궤양을 앓고 있었고, 위장 등에 통증과 점점 더 열악해지는 건강으로 고생했다. 1926년 12월 29일 스위스 발몽 요양소에서 세상을 떠났다. 그는 1927년 1월 2일 비스프(Visp) 서쪽에 있는 라론(Raron) 공동묘지에 묻혔다.

| DATE / / / | SUN | MON | TUE | WED | THU | FRI | SAT |

끝 간 데 없이
늘어선 생울타리
폴 베를렌(Paul Verlaine, 1844~1896)

끝 간 데 없이 늘어선 생울타리
거품인 맑은 바다 같네.

그 위로 맑은 안개, 향긋한
햇장과 내음 풍기고.

날렵한 망아지들이
와서 뛰놀며 흩어지는

부드러운 초원, 그 위로
가볍게 보이는 나무들과 풍차들.

일요일의 이 허허한 벌판 속에
다 큰 양 떼들도

 **폴 베를렌**은 프랑스의 시인이다. 프랑스 시에서 가장 위대한 팽 드 시에클(Fin de siède, 세기말이라는 뜻)의 대표자 중 한 명이다. 1863년 시인 루이자비에 드 리카르도(Louis-Xavier de Ricard)가 창간한 출판물『라 르뷔 뒤 프로그레(La Revue du progrès)』에서 시를 최초로 출판하였다.

DATE   /   /   /   SUN   MON   TUE   WED   THU   FRI   SAT

장난치며 놀겠다네,
저들의 흰 양모같이 부드러운.

그 위로 젖빛 하늘 속에서
방금 피리 소리 같은 종소리의

파장이 소용돌이처럼
궁글며 퍼져 나갔다.

■ 시집 『예지』 중에서 '하늘은 지붕 위로'와 더불어 또 하나의 걸작으로 꼽힌다.

 **폴 베를렌**은 1871년 8월 파리로 돌아와 9월에 아르튀르 랭보가 보낸 첫 번째 편지를 받았다. 1872년 새로운 애인인 랭보와 함께하며 마틸드에게 흥미를 잃고 아내와 아들을 방치했다. 폭풍과 같은 연애는 1873년 7월 베를렌은 술에 취해 질투로 랭보에게 2발의 총을 쏘았고 1발이 랭보의 왼쪽 손목을 상처입혔다.

DATE   /   /   SUN   MON   TUE   WED   THU   FRI   SAT

들장미

요한 볼프강 폰 괴테(Johann Wolfgang von Goethe, 1749~1832)

사내아이는 보았네
들에 핀 한 떨기 장미를
갓 피어난 싱그러운 향기
달려가 떨기 속을 보았네
웃음 머금은 장미
장미, 장미, 붉은 장미여
들장미여

사내아이는 말했네. 내 너를 꺾을테야
들에 핀 장미를
장미는 말했네. 꺾기만 해 봐라. 찌를테야
나도 꺾이고 싶진 않은 것을
장미, 장미, 붉은 장미여
들장미여

 **요한 볼프강 폰 괴테**는 독일의 문학가이자 연극감독·도서관장·철학자이다. 한때는 작센 바이마르 공국의 재상이었다. 근현대 독일의 가장 위대한 문인이자, 같은 문인들에게는 윌리엄 셰익스피어나 미겔 데 세르반테스에 버금가는 문학의 신화로 여겨진다.

DATE   /   / | SUN | MON | TUE | WED | THU | FRI | SAT

개구쟁이 사내아이는 꺾고 말았네
들에 핀 장미를
장미는 가시로 어린이를 찌르고
꺾이지 않으려 몸부림쳤으나
장미, 장미, 붉은 장미여
들장미여

요한 볼프강 폰 괴테는 궁정극장의 감독으로서 경영·연출·배우 교육 등 전반에 걸쳐 활약했다. 1806년에 『파우스트』 제1부를 완성했고 죽기 1년 전인 1831년에는 제2부를 완성했으며, 연극을 세계적 수준에 올려놓았다.

DATE   /   /   /   SUN   MON   TUE   WED   THU   FRI   SAT

탱자꽃

키타하라 하쿠슈(北原 白秋, きたはら はくしゅう, 1885~1942)

탱자나무에 꽃이 피었네
희고 흰 꽃이 피었네

탱자나무 가시는 아프다네
맵게 아픈 가시라네

탱자나무 울타리에서 울었다네
모두 모두 정다웠다네

 **기타하라 하쿠슈**는 일본의 시인·가인이다. 본명은 류키치이다. 후쿠오카현 출신. 와세다 대학 동문이다. 「실내 정원」, 「하늘에 빠알간」, 「푸른 꽃」, 「젊은 날의 꿈」, 「첫사랑」, 「세월은 가네」, 「늙은 아이누의 노래」 등의 시가 전한다.

| DATE / / / | SUN | MON | TUE | WED | THU | FRI | SAT |

겨울이 왔다

타카무라 코타로(高村光太郞, たかむら こうたろう, 1893~1956)

단호하게 겨울이 왔다

팔손이나무의 흰 꽃도 사라지고

은행나무도 빗자루가 되었다

싸느다랗게 스미는 듯한 겨울이 왔다

사람들이 싫어하는 겨울

초목이 등을 돌리고 벌레 도망치는 겨울이 왔다

겨울이여

네게 오라, 내게 오라

나는 겨울의 힘, 겨울은 내 먹이다

스며 들어라, 뚫고 나가라

화재를 내라, 눈으로 묻어라

칼날 같은 겨울이 왔다

 **타카무라 코타로**는 나 자신의 진실을 다한다는 태도로 생의 의식을 언어로 조각하고, 탐미적인 시풍에서 생명력 넘치는 높은 예술경에 도달하여, 일본 근대시 위에 확고한 위치를 차지한 시인이며 조각가이다. 시집으로 『도정』, 『지에코초』, 『전형』 등을 출간했다.

DATE   /   /   SUN   MON   TUE   WED   THU   FRI   SAT

인생
예찬
헨리 워즈워스 롱펠로우(Henry Wadsworth Longfellow, 1807~1882)

슬픈 사연으로 내게 말하지 말아라.
인생은 한갓 헛된 꿈에 불과하다고!

잠자는 영혼은 죽은 것이니
만물의 외양의 모습 그대로가 아니다.

인생은 진실이다! 인생은 진지하다.
무덤이 그 종말이 될 수는 없다.

"너는 흙이니 흙으로 돌아가라."
이 말은 영혼에 대해 한 말은 아니다.

우리가 가야할 곳, 또한 가는 길은
향락도 아니요, 슬픔도 아니다.

저마다 내일이 오늘보다 낫도록
행동하는 그것이 목적이요, 길이다.

**헨리 워즈워스 롱펠로우**는 미국의 시인이자 소설가이며 번역가이다. 『단테의 신곡(*Dante's Divine Comedy*)』영문 번역판을 1867년에 완성했다. 롱펠로우가 영문으로 단테의 신곡을 번역한 번역본은 1800년대 몇 안 되는 번역판 중에서도 퍼블릭도 메인으로서 주요한 위치를 차지하고 있다.

DATE   /   /   SUN   MON   TUE   WED   THU   FRI   SAT

애타는 가슴 하나 달랠 수 있다면
에밀리 디킨슨(Emily Elizabeth Dickinson, 1830~1886)

애타는 가슴 하나 달랠 수 있다면
내 삶은 결코 헛되지 않으리.

한 생명의 아픔 덜어줄 수 있거나,
괴로움 하나 달래 줄 수 있다면,

헐떡이는 작은 새 한 마리 도와
둥지에 다시 넣어줄 수 있다면,

내 삶은 결코 헛되지 않으리.

에밀리 디킨스는 미국의 시인이다. 미국 매사추세츠주의 앰허스트(Amherst)에서 태어났다. 디킨슨은 거의 2,000편에 달하는 시를 썼다. 그녀의 천재성이 널리 인정받은 것은 손아래 누이 라비니아 노크로스 디킨슨이 에밀리의 시를 모아 시집을 낸 뒤부터다. 시를 쓰다가 쉰다섯 살의 나이로 세상을 떠났다.

| DATE | / | / | SUN | MON | TUE | WED | THU | FRI | SAT |

선물

The Gift Outright
로버트 프로스트(Robert Frost, 1874~1963)

우리가 이 땅의 땅이 되기 전에 그 땅은 우리의 땅이었다.
우리가 그녀의 백성이 되기 100년도 더 전에 그녀는 우리의 땅이었다.
그녀는 매사추세츠와 버지니아에서 우리의 것이었지만,
우리는 영국의 것이었고, 여전히 식민지였고,
우리가 여전히 소유하지 못한 것을 소유하고,
우리가 더 이상 소유하지 못한 것에 의해 소유되었습니다.
우리가 감추고 있던 것이 우리를 약하게 만들었고,
그것이 우리 자신이라는 것을 알게 될 때까지
우리는 우리의 삶의 땅에서 감추고 있었고,
즉시 항복 안에서 구원을 발견했다.
우리가 그랬던 것처럼 우리는 우리 자신을 노골적으로 바쳤다
(선물의 증서는 많은 전쟁 행위였다).

 **로버트 프로스트**는 미국의 시인이다. 뉴햄프셔의 농장에서 오랫동안 생활한 그는 그 지방의 아름다운 자연을 맑고 쉬운 언어로 표현하였다. 20세기 미국 최고의 국민 시인으로, 전후 4회에 걸쳐 퓰리처상을 받았다. 케네디 대통령 취임식에서 자신의 시 「선물(The Gift Outright)」을 낭독했다.

서쪽을 향해 어렴풋이 깨닫는 땅으로,

그러나 여전히 이야기가 없고, 예술이 없고, 향상되지 않은,

그녀가 그랬던 것처럼, 그녀가 될 그녀도 그랬다.

시인 로버트 프로스트가 케네디 대통령 취임식에서 자신의 시 「선물(The Gift Outright)」을 낭독하고 있다.

미국 대통령 취임식에서 시가 낭독된 것은 케네디 대통령이 처음이며, 빌 클린턴(1993년과 1997년)·버락 오바마(2009년과 2013년)·조 바이든(2021년) 대통령이 각자의 취임식에서도 반복했습니다.

 프로스트는 눈 위에 반사되는 태양의 눈부심에 눈이 부시고 그가 쓴 글을 알아들을 수 없었어요. 그러나 저명한 미국 시인은 그 순간을 낭비하지 않았죠. 프로스트는 그의 또 다른 대표작인 「The Gift Outright」를 외워서 낭독합니다.

DATE / /   SUN MON TUE WED THU FRI SAT

내일
빅토리아 베넷(Victoria Bennett, 1971~)

내일내일 바람이 세게 불면은
나는 나는 하늘에, 연 날릴래요.

내일내일 바람이 세게 불면은
내일내일 시냇물이 곱게 빛나면
나는나는 시냇물에 배 띄울래요.

내일내일 시냇물이 곱게 빛나면
내일내일 고개 위로 길이 뚫리면
나는나는 자동차를 만들래요.

바퀴가 번쩍이는 차를 만들어
앞에 가는 차들을 추월할래요.
내일내일 멀리멀리 길이 뚫리면

 **빅토리아 베넷**은 시인이자 정원사이다. 늦은 나이에 학업을 시작해 문예창작학 석사를 취득했고 30여 년간 예술가의 길을 걸었다. 와일드 우먼스 프레스(Wild Womens Press)를 설립하여 20여 년간 시골 공동체 여성 작가들의 시집을 펴냈다.

3월의 노래
윌리엄 워즈워드(William Wordsworth, 1770~1850)

닭이 운다.
시냇물은 흐르고,
새 떼 재잘대며
호수는 반짝이는데,
푸른 초원은 햇볕 속에 잠들었다.

늙은이도 어린이도
젊은이와 함께 일할
풀 뜯는 가축들은
모두 고개도 들지 않누나.

마흔 마리가 하나인 양.
패배한 군사처럼
저기 저 헐벗은 산마루에

 **윌리엄 워즈워드**는 영국의 낭만주의의 초석을 다져놓은 시인 중 하나이자 영국 왕실의 계관시인이다. 그가 1798년에 새뮤얼 테일러 콜리지와 함께 출판한 『서정가요집(Lyrical Ballads)』의 서문은 낭만주의의 시작으로 평가되며, 워즈워스의 '서문'은 영문학사뿐만 아니라 유럽문화 전반에 영향을 끼쳤다.

DATE   /   / | SUN   MON   TUE   WED   THU   FRI   SAT

병들어 누웠는데
이랴이랴! 밭 가는 아이 목청 힘 차고나.
산에는 기쁨,
샘에는 생명,

조각구름 두둥실 떠 흐르는
저 하늘은 푸르름만 더해가니
비 개인 이날의 기쁨인저.

 **윌리엄 워즈워드**는 1850년 4월 23일 흉막염의 악화로 자신의 저택 라이델 마운트에서 사망했다. 미망인이 된 메리는 남편의 사망 몇 달 후 그의 길고 자전적인 "콜리지에게의 시"를 『서곡』으로 출간했다. 그 시대에 많은 관심을 받는 데에는 실패했으나, 훗날 워즈워스의 걸작으로 널리 인정받게 된다.

DATE	/	/	SUN	MON	TUE	WED	THU	FRI	SAT

미완성이
정상이다
이브 본푸아(Yves Bonnefoy, 1923~2016)

깨뜨리고 깨뜨리고 또 깨뜨려야만 했던 일이 있었다
구원이란 이 대가를 치러야만 얻어지던 일이 있었다.

대리석 안에 떠오르는 나체의 얼굴을 파괴하는 일
모든 형태 모든 아름다움을 망치로 깨뜨리는 일.

완성이란 문턱인 까닭에 이를 사랑하는 것
그러나 알려지면 곧 이를 부정하고 죽으면 곧 이를 잊어
버리는 것,

미완성이 정상이다.

**이브 본푸아**는 프랑스의 작가이다. 에드몽 자베스와 더불어 프랑스 안에서 "비할 바 없는 시인"으로 평가받기도 한다. 1987년에는 오랜 침묵 끝에 시집 『빛 없이 있던 것』을 발표하는데, 이 작품은 그의 창작 기간의 중심에 탄생된 것이며 그의 시학이 가장 명료하게 시어를 통해 드러난 걸작으로 평가되고 있다.

DATE	/	/	SUN	MON	TUE	WED	THU	FRI	SAT

나무들의 목소리

마르셀 베알뤼(Marcel Béalu, 1908~1993)

수줍으나 힘센 나무들은
밤마다 높은 목소리로 말하지만
그들의 언어는 너무나 단순하여
새들도 두려워하지 않는다

시체들이 재가 된 입술을 움직이는
묘지 옆에는

연분홍 송이로 피어난 봄이
처녀같이 웃고 있다

그리고 숲은 때때로 옛사랑에
붙들린 가슴처럼
창살을 흔들면서
긴 소리를 내지른다.

이 시는 환상을 섞은 나무들의 의인화 된 풍경이다. 대지에 묶인 나무들은 괴롭고 슬프다. 그들은 높은 목소리로 말하지만, 아무에게도 이해되지 않는다. 봄이 되어 죽은 시체들도 입을 놀리고 봄도 장미꽃 송이로 되어 처녀처럼 웃는 때가 오면 이제 나무들은 더 참을 수 없어 때때로 창살을 흔들며 소리친다. 그들은 해방을 자유를 얻기 위하여 소리 지른다. 그들이 찾는 해방과 자유는 무엇인가? 잊으려도 잊을 수 없는 옛사람처럼 그들을 붙잡고 놓지 않는 대지에서의 해방이며 만물이 움직이고 변화하는 자연 가운데 움직이지 않는 영원으로부터의 자유이다. 그러나 그의 긴 부르짖음은 결국 절망의 절규에 지나지 않는다.

마르셀 베알뤼는 20세기 중반을 풍미한 환상적 모더니즘 혹은 사실적 환상주의의 대표적 시인 가운데 하나다. 1941년 출판한 시집 『살아있는 심장(Coeur vivant)』으로 베알뤼는 특유의 독창성을 나타내 보이며 아폴리네르, 상드라르의 모더니즘과 초현실주의 시인들의 후예로서 각광을 받기 시작했다.

DATE   /   /   /   SUN   MON   TUE   WED   THU   FRI   SAT

메시지
자크 프레베르(Jacques Prevert, 1900~1977)

누군가 열어 놓은 문
누군가 다시 닫은 문
누군가 앉았던 의자
누군가 쓰다듬었던 고양이
누군가 한 입 먹은 과일
누군가 읽은 편지
누군가 쓰러뜨린 의자
누군가 열어 놓은 문
누군가 계속 달리는 길
누군가 질러가는 숲
누군가 몸을 던지는 강물
누군가 죽은 병원

 **자크 프레베르**는 프랑스의 시인이자 시나리오 작가이다. 초기엔 프랑스에서 유행했던 초현실주의의 영향을 받고, 실제로 그들과 어울려 지냈지만, 뜻이 맞지 않아 탈퇴한다. 시집『말』을 발매하면서 유명해진다. 그 뒤 유명 샹송 '고엽' 가사를 쓰면서 불멸의 명성을 얻었다.

DATE	/	/	SUN	MON	TUE	WED	THU	FRI	SAT

그리고
어떤 미소

폴 엘뤼아르(Paul Éluard, 1895~1952)

밤은 결코 완전한 것이 아니다
내가 그렇게 말하기 때문에
내가 그렇게 주장하기 때문에
슬픔의 끝에는 언제나
열려 있는 창이 있고
불 켜진 창이 있다.

충족시켜야 할 욕망과 채워야 할 배고픔이 있다
관대한 마음과
내미는 손과 열려 있는 손이 있고
주의 깊은 눈이 있다
함께 나누어야 할 삶,
삶이 있다.

 **폴 엘뤼아르**는 프랑스의 시인이다. 다다이즘 운동에 참여하고 초현실주의의 대표적 시인으로 활동하였다. '시인은 영감을 받는 자가 아니라 영감을 주는 자'라고 생각했다. 「자유」라는 시로 유명한 시집 『시와 진실』, 『독일군의 주둔지에서』 등은 프랑스 저항시의 백미로 알려져 있다.

DATE	/	/	/	SUN	MON	TUE	WED	THU	FRI	SAT

종소리
피에르 르베르디(Pierre Reverdy, 1889~1960)

모든 것이 꺼졌다

바람이 노래하며 지나간다

그리고 나무들이 몸을 떤다

동물들이 죽었다

이제 아무도 없다

보라

별들은 반짝임을 멈추었다

지구도 더 돌지 않는다

머리 하나가 숙여졌다

머리카락으로 밤을 쓸면서

서 있는 최후의 종탑은

자정을 친다

피에르 르베르디는 프랑스의 시인이다. 남부 나르본에서 태어났다. 출생 당시 호적에 신원이 밝혀지지 않은 부모의 아이로 기록되었다. 1910년 가을에 고향을 떠나 작가의 길을 걷겠다고 파리로 올라올 때 그를 누구보다 격려한 것은 그의 아버지였다.

석류들
폴 발레리(Paul Valéry, 1871~1945)

너의 수많은 씨알의 힘에 못 이겨
마침내 반쯤 벌어진 굳은 석류들이여,
스스로의 발견에 파열된
고매한 이마들을 보는 듯!

오, 반만 입을 연 석류들이여,
그대들이 받아 온 햇볕들은
자만심에 움직인 그대들로 하여금
홍옥紅玉의 장벽을 무너뜨리고,

그리고 금빛 메마른 껍질마저
어떤 힘의 욕구에 밀려
과즙의 붉은 구슬되어 터진다 하지만,

이 눈부신 파열은
일찍이 내가 가졌던 어느 영혼의
은밀한 구조를 몽상케 한다.

폴 발레리는 1871년 10월 30일 세트(에로)에서 태어나 1945년 7월 20일 파리에서 사망한 프랑스의 작가·시인·철학자이다. 20세기 전반기 유럽의 대표적인 지식인의 하나로 손꼽힌다. 스테판 말라르메의 후계자이자 프랑스 상징주의의 마지막을 장식한 인물이다.

DATE	/	/	/	SUN	MON	TUE	WED	THU	FRI	SAT

감각

아르튀르 랭보(Jean Nicolas Arthur Rimbaud, 1854~1891)

여름날 푸른 석양 녘에 나는 샛길을 걸어가리라.
밀 이삭에 찔리며 여린 풀을 밟으며
꿈꾸듯 가는 나는 산뜻한 풀잎들을 발에 느끼며
들바람이 나의 맨머리를 씻게 하리라.

아무 말도 하지 않으리, 아무 생각도 하지 않으리
그러나 맘속에 솟아오르는 끝없는 사랑
나는 가리라, 멀리 더 멀리 보헤미안처럼
자연 속을 여인과 함께 가듯 행복에 젖어.

아르튀르 랭보는 프랑스의 시인이다. 학창 시절에는 뛰어난 모범생이었으나, 차차 반항적으로 되었고 시를 쓰기 시작하면서 방랑도 하게 되어 16세로 학업을 포기한다. 이 전후에 쓴 여러 시에는 그의 그리스도교나 부르주아 도덕에 대한 과격한 혐오감이 가득 차 있었다.

DATE   /   /   SUN   MON   TUE   WED   THU   FRI   SAT

영원히
프랑수아 코페(François Coppée, 1842~1908)

"영원히!"라고 그대는 말한다. 이마를 내 어깨 위에 대고,
그러나 우리는 헤어질 것이다. 이것이 운명이다.
우리들 중 하나가 먼저 죽음에 붙잡혀
주목朱木이나 버드나무 아래 잠자러 갈 것이다.

부두를 한가로이 거니는 이 늙은 수부水夫는 수십 번
쌍 돛배가 깃발로 장식되어 돌아오는 것을 보았다.
그리고 어느 날 그 배는 북쪽을 향해 떠났다.
그 후 감감무소식, 배는 북극 얼음장 속으로 사라져 버렸다.

봄바람이 불면 우리 집 처마 끝에
철새들이 돌아왔다. 수십 년 동안을
그러나 이번 여름, 둥지에는 그 제비들의 모습이 보이지 않는다.

나의 애인이여, 그대는 내게 영원한 사랑을 맹세한다.
그러나 나는 영원히 돌아오지 않는 이별을 생각한다.
어찌 죽을 입술 위에 "영원히"라는 말을 올리는가?

 **프랑스와 코페**는 프랑스 서민의 시인이자 대중적 시인으로 꼽히어 한때 그의 시는 프랑스 시의 본보기로 교과서에 실리고 프랑스뿐만 아니라 세계 각국 특히 일본이나 우리나라에서도 많은 독자들로부터 사랑을 받은 시인이다. 고통스러운 병으로 인해 56세를 일기로 사망했다.

DATE	/	/	/	SUN	MON	TUE	WED	THU	FRI	SAT

가을의 노래

샤를르 보들레르(Charles Pierre Baudelaire, 1821~1867)

멀잖아 우리들 잠기리 차디찬 어둠 속에
잘 가거라 너무나 짧았던 여름의 강렬한 빛이여!
벌써 들리나니 안 마당 깔림돌 위에
음울한 소리내며 떨어지는 나무 토막들.

가슴 속에 온통 겨울이 되살아오리니
분노, 증오, 전율, 공포, 강요된 고된 일
나의 심장은 북극 지옥에 매달린 태양처럼
붉게 얼어붙은 한 덩어리 혈괴血塊에 불과하리니.

몸서리치며 귀기울이며 툭툭 떨어지는 장작 소리
사형대 세우는 울림이 이보다 더 무딘걸까
내 마음은 무거운 파성목破城木의 연타 아래
무너져 내리는 성탑과도 같아.

단조롭게 부딪치는 소리에 흔들리며 듣나니
어디선가 서둘러 관 뚜껑에 못 박는 소리
누굴 위하여? … 어제는 여름, 어제는 가을

 **샤를르 보들레르**는 프랑스의 비평가이자 시인이다. 느리고 까탈스러운 작가였고 종종 게으름과 감정적인 고통과 병환으로 작업을 미루곤 했다. 결국 1857년에 가서야 그의 첫 시집이며 가장 유명한 작품인 『악의 꽃(Les fleurs du mal)』이 출판되었다.

DATE / /   SUN   MON   TUE   WED   THU   FRI   SAT

아, 꽃처럼
저 버린 사람
바이런(George Gordon Byron, 1788~1824)

오, 그 아름다움 한창 피어날 때 저버린 그대
잠든 그대 위엔 묘석일랑 놓지 못하게 하리라.
그대를 덮은 잔디 위엔 오직 장미를 심어
봄이면 새싹 트게 하고
야생 실백편나무 수심어려 휘청거리게 하리라.

때로는 또 저기 푸르게 흐르는 시냇가에
슬픔의 여신 찾아와 고개 숙이며
갖가지 꿈으로 깊은 생각에 잠기게 하고
혹은 머뭇거리고 혹은 사뿐히 걸음 옮기게 할지니
상냥한, 가엾은 그대여!
혹시나 그 발걸음이
고이 잠든 그대를 깨울까 하여이니라.

 **바이런**은 말라리아에 걸린 후, 현지 의사의 잘못된 처방으로 병이 더 심해져 그리스 메솔롱기에서 36세라는 젊은 나이에 결국 세상을 떠났다. 사후 유해를 웨스트민스터 사원에 안치하고자 했으나 사원에서 거부했고, 할 수 없이 바이런 집안의 납골당에 안치하게 되었다.

DATE   /   /   /   SUN   MON   TUE   WED   THU   FRI   SAT

여자의 마음

윌리엄 버틀러 예이츠(William Butler Yeats, 1865~1939)

오, 무슨 소용이리, 기도와 휴식으로
넘쳤던 저 작은 방이,
그대 나를 어둠 속에 불러내면
그대 가슴 위에 내 가슴 맞대고 누우리.

오, 무슨 소용이리. 안전하고 따뜻한
나의 집과 어머니의 근심이,
나의 머리칼과 그늘진 꽃이
우리를 험악한 폭풍 속에서 감춰 주리.

오, 감춰 주는 머리칼과 이슬 맺힌 눈,
나에게는 벌써 삶도 죽음도 없다.
내 가슴 그대 따뜻한 가슴 위에 쉬고
내 숨결은 그대 숨결과 섞인다.

 **예이츠**는 아일랜드의 국민 시인, 극작가. 세계 문학사에서 가장 영향력 있고 중요한 대표적인 시인 중 한 명이며 19세기 후반부터 20세기 초반까지 전 세계를 대표한 시인이다. 1923년 노벨문학상을 수상했는데 아일랜드인 첫 노벨상 수상자이기도 하다.

DATE   /   /   /   SUN   MON   TUE   WED   THU   FRI   SAT

예술은 눈으로 보고, 마음으로 느끼는 것입니다.

명화, 그들은 단순한 아름다움을 넘어, 우리의 정신을 일깨우고 우리 자신을 돌아보게 만듭니다. 필사하는 순간, 당신은 그 위대한 역사의 한 부분이 되어 그들의 메시지를 당신의 것으로 만들어 갈 것입니다.

08
명화

- 소크라테스의 죽음
- 아테네 학당
- 생베르나르 고개를 넘는 나폴레옹 보나파르트
- 낮잠 / 한낮의 휴식 / 정오의 휴식
- 낮잠 / 한낮의 휴식 / 정오의 휴식

소크라테스의 죽음

자크루이 다비드(Jacques-Louis David, 1748~1825, 1787년 작품)

이 그림에서 노인 소크라테스는 흰 가운을 입고 침대에 똑바로 앉아 한 손은 독이 든 잔 위로 뻗어 있고 다른 손은 허공에 손짓을 하며 여전히 가르치고 있다. 소크라테스는 다양한 연령대의 친구들에게 둘러싸여 있는데, 침착한 태도를 유지하고 있는 소크라테스와는 달리 대부분 감정적으로 괴로워하는 모습을 보인다. 그에게 잔을 건네는 청년은 한 손으로 얼굴을 가린 채 다른 곳을 바라보고 있다. 크리톤은 스승의 무릎을 움켜쥐고 그의 말을 열심히 듣고 있다. 노인 플라톤은 침대 끝에 앉아 고개를 숙여 자신의 무릎을 들여다보고 있다. 왼쪽에는 배경 벽에 설치된 아치 사이로 다른 남자들이 보인다. 배경 계단에는 남편을 일찍이 떠난 소크라테스의 아내 크산티페가 뒤돌아보며 안타까운 표정을 짓고 있다.

자크루이 다비드는 신고전주의 양식에 속하는 유력한 프랑스 화가로, 이 시대의 탁월한 화가로 평가받고 있다. 대표작으로 〈호라티우스 형제의 맹세〉, 〈소크라테스의 죽음〉, 〈마라의 죽음〉과 같은 고전적 주제를 다룬 작품과, 〈알프스산맥을 넘는 나폴레옹〉, 〈나폴레옹의 대관식〉 등이 꼽힌다.

DATE   /   /   SUN   MON   TUE   WED   THU   FRI   SAT

아테네 학당
라파엘로 산치오 다 우르비노(Raffaello Sanzio da Urbino, 1483~1520, 1787년 작품)

르네상스 시대의 거장인 라파엘로 산치오가 교황 율리오 2세의 주문으로 27세인 1509~1510년에 바티칸 사도 궁전 내부의 방들 가운데서 교황의 개인 서재인 '서명의 방(Stanza della Segnatura)'에 그린 프레스코화. '아테네 학당'이 널리 알려져 있지만, 라파엘로의 방에 있는 다른 그림들도 뒤떨어지지 않는다. 서명의 방의 네 벽면은 각각 철학·신학·법·예술을 주제로 벽화가 그려졌는데 이 중에서 아테네 학당은 철학을 상징하는 그림이다. 가로 823.5cm, 세로 579.5cm 크기의 벽면에 모두 58명의 인물이 배치되어 있다. 철학자들이 모여서 토론하고 있는 공간은 이 벽화가 그려질 당시 도나토 브라만테가 설계해 막 공사에 착수한 성 베드로 대성당의 내부를 모티브로 1점 투시도법을 사용해 묘사되었다. 벽기둥 양쪽에 있는 두 석상은 왼쪽이 아폴론, 오른쪽이 아테나이다. 아폴론과 아테나는 이성과 지혜를 상징하는 신이므로 그림의 의미에 적합한 소재라 할 수 있다.

 **라파엘로 산치오**는 르네상스 시대 이탈리아의 예술가 화가이며, 흔히 라파엘로(Raffaello)라고 불린다. 〈아테네 학당〉이 특히 유명하다. 〈아테네 학당〉은 에피쿠로스, 피타고라스, 안티스테네스 등 고대 그리스의 학자가 학당에 모인 것을 상상해서 그린 그림이다.

DATE / / / SUN MON TUE WED THU FRI SAT

생베르나르 고개를 넘는 나폴레옹 보나파르트

자크루이 다비드(Jacques-Louis David, 1748~1825, 1801년 작품)

 **라파엘로 산치오**는 그림에 관심이 없는 사람이라도 〈생베르나르 고개를 넘는 나폴레옹 보나파르트〉이라는 작품은 많은 이들이 한 번쯤 본 적이 있을 것이다. 나폴레옹이 백마를 타고 알프스를 넘는 이 그림 하나만으로도, 그는 후세인들에게 나폴레옹을 불세출의 영웅으로 각인시켰다.

DATE   /   /   SUN   MON   TUE   WED   THU   FRI   SAT

나폴레옹과 함께 그야말로 전설이 된 그림이다. 타 버전이 몇 가지 더 존재하며 구도는 같지만 얼굴이 검은 백마와 망토가 노란색인 버전도 매우 유명하다. 왼쪽 아래의 바위들에 나폴레옹의 성인 보나파르트와 한니발과 카롤루스 대제가 새겨진 것은 덤이다. 그리고 나폴레옹의 성인 보나파르트가 한니발과 카롤루스 대제보다 더 위에 있어 나폴레옹이 이들보다 더 위대하다고 선전하는 것도 덤이다. 흔히 "알프스를 넘는 나폴레옹"이라고 부른다. 그림에는 멋있어 보이라고 백마로 그려져 있지만, 실제 알프스산맥을 넘을 때에는 지구력이 뛰어난 노새를 사용했다. 말메종과 부아프레오 성에 있는 원본 그림은 그야말로 신고전주의의 극한이라 칭할 만하며, 그야말로 크기와 포스 모든 면에서 보는 사람을 압도하는 힘이 있다.

나폴레옹의 초상화들은 선전을 위해 미남 대역을 고용해 그려진 것들이 대다수라는 설도 많은데, 사실 이는 완전히 근거 없는 이야기가 아니라 실제로 당대에 초상화가 남겨질 만한 고위층들은 그런 식으로 원판보다 크게 미화되는 경우가 많았기 때문이다. 그러나 나폴레옹의 초상화들은 화가에 관계없이 외모 묘사가 매우 일관된 편이기 때문에 대역들은 얼굴보다는 포즈를 위해 사용되었을 가능성이 높다. 특히 다비드가 그린 얼굴이 본인과 닮은 편이라고 한다.

사실 젊은 시절의 나폴레옹은 수려한 미남이었다. 정권을 잡은 후에는 우상화를 위해 어느 정도 보정이 들어갔다 치더라도, 그 이전의 초상화들을 보면 잘 알 수 있다. 초상화뿐만 아니라 사망 후에 남긴 데스 마스크를 봐도 얼굴은 확실히 잘생겼다는 평가를 들을 만한 편이다. 셜록 홈즈 시리즈에서 6개의 나폴레옹 석고상이 괜히 나온 게 아니다.

 **알프스를 넘는 나폴레옹**은 그림 속 나폴레옹은 흰말을 타고 있으며 깔끔한 차림새와 당차고 용맹함이 느껴지는 자태를 뽐내고 있다. 실제 노새를 타고 일반적인 군복을 입었으며 병사들을 이끌지 않고 현지 농부의 안내를 받으며 조심스럽게 이동했다고 한다.

DATE	/	/	SUN	MON	TUE	WED	THU	FRI	SAT

낮잠 / 한낮의 휴식 / 정오의 휴식
빈센트 반 고흐(Vincent van Gogh, 1853~1890) 작

한낮의 휴식 또는 정오의 휴식 또는 낮잠(La méridienne)은 캔버스에 유채이며 73x91cm이다. 1889~1890년에 완성된 빈센트 반 고흐(Vincent van Gogh)의 작품이다.

프랑스 국립 오르세 미술관에 소장 되어 있으며 고흐는 이 그림 이외에도 밀레의 여러 그림들을 통해 영감을 받아 자신만의 표현을 그려냈다. 밀레의 〈밀레의 한낮의 휴식〉과 비교해 봅시다.

 **빈센트 반 고흐**는 네덜란드의 화가로서 서양 미술사상 가장 위대한 화가 중 한 사람이다. 그는 자신의 작품 전부(900여 점의 그림들과 1,100여 점의 습작들)를 정신질환(측두엽 기능장애로 추측됨)을 앓고 자살하기 전의 단지 10년 동안에 만들었다. 그는 살아있는 동안 성공을 거두지 못하고 사후에 인정받았다.

DATE   /   /   /   SUN   MON   TUE   WED   THU   FRI   SAT

낮잠 / 한낮의 휴식 / 정오의 휴식
장프랑수아 밀레 (Jean-François Millet, 1814~1875)

장프랑수아 밀레(Jean-François Millet)의 한낮의 휴식 또는 낮잠 또는 정오의 휴식(La Méridienne)은 1866년 완성되었으며, 종이에 파스텔 작품으로 29.2×41.9cm이다. 보스턴미술관이 소장하고 있다. 고흐의 〈정오의 휴식〉과 비교해 봅시다.

 **장 프랑수아 밀레**는 프랑스의 화가로, 프랑스의 한 지방에 위치한 바르비종파(Barbizon School)의 창립자들 중 한 사람이다. 〈이삭 줍는 여인들〉, 〈만종〉 〈씨 뿌리는 사람〉 등 농부들의 일상을 그린 작품으로 유명하며, 사실주의 혹은 자연주의 화가라 불리고 있다. 데생과 동판화에도 뛰어나 많은 걸작품을 남겼다.

DATE   /   /   /   SUN   MON   TUE   WED   THU   FRI   SAT

고대 7대 불가사의

지구상에서 사람의 생각으로는 미루어 헤아릴 수 없이 이상하다고 판단되는 일곱 가지 경관을 말한다.

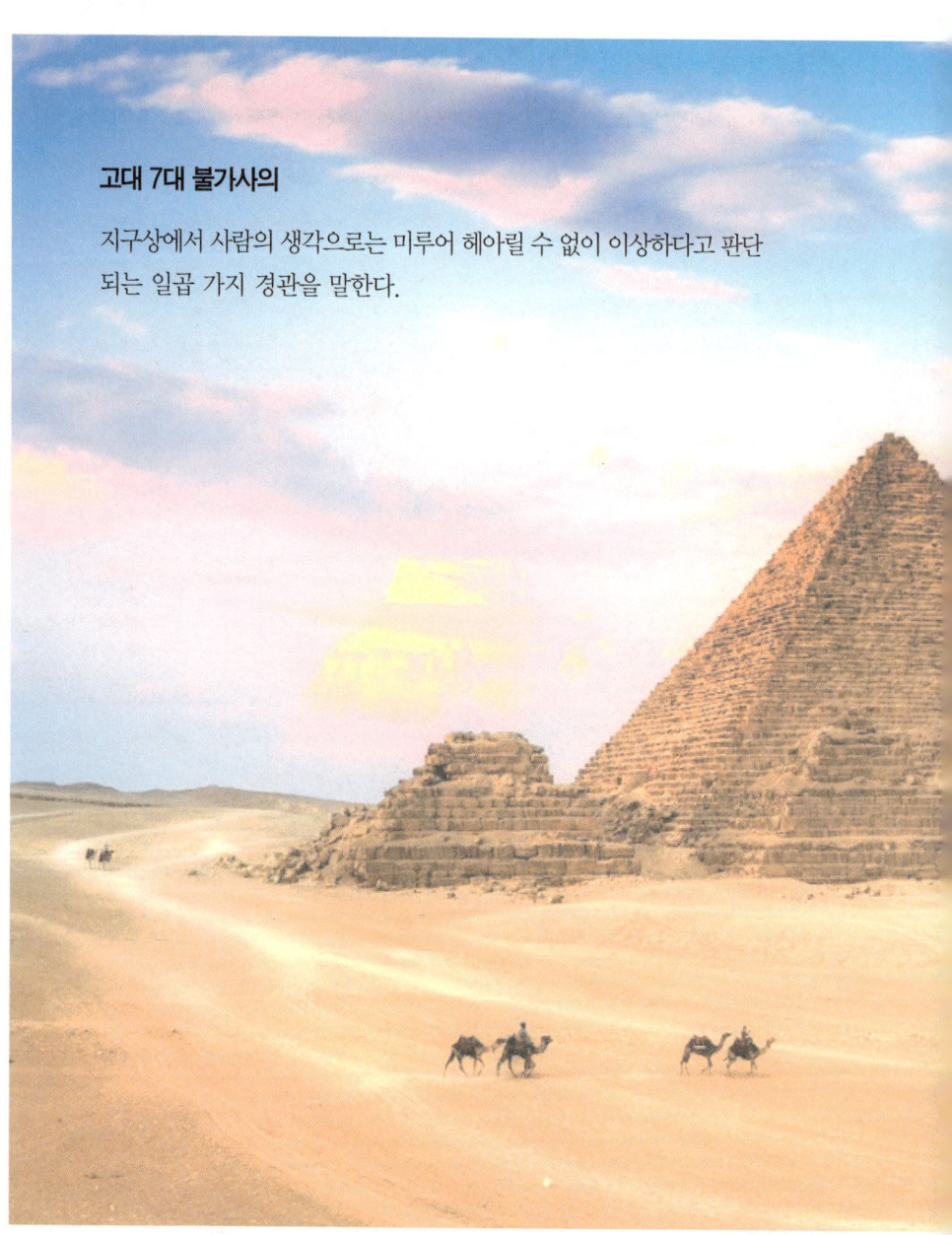

08

고대 7대 불가사의
Seven Wonders of

- 기자의 대피라미드
- 바빌론의 공중정원
- 알렉산드리아의 등대
- 아르테미스 신전
- 할리카르나소스의 마우솔레움
- 올림피아의 제우스상
- 로도스의 거상

기자의
대피라미드
Great Pyramid of Khufu in Egypt

기자의 대피라미드(Great Pyramid of Giza, Pyramid of Khufu)는 이집트 카이로, 기자에 있는 피라미드들 중 하나로, 기자의 피라미드들 중 가장 크고 가장 오래되었다. 대피라미드는 기원전 26세기경에 세워진 쿠푸의 피라미드(Pyramid of Khufu)로 완공에는 약 27년이 걸렸다. 피라미드 중 가장 큰 피라미드이기에 대 피라미드라고도 불린다. 대피라미드는 세계 7대 불가사의 중 하나이자, 7개의 불가사의 중에서 유일하게 현존한다.

쿠푸 왕의 피라미드 또는 기자의 대피라미드는 이집트 기자 소재의 피라미드로, 이집트 고왕국 제4왕조 쿠푸 왕의 무덤이다. 일대 피라미드 3개 가운데 가장 크기가 거대할 뿐만 아니라 기자와 이집트의 이미지를 대표하는 피라미드로서 대피라미드라는 이름이 붙었다.

DATE   /   /   SUN   MON   TUE   WED   THU   FRI   SAT

바빌론의 공중정원
Hanging Gardens of Babylon

바빌론의 공중정원은 고대의 세계 7대 불가사의 중 하나로, 고대 바빌론에 위치했던 거대한 정원이다. 각종 나무·관목·덩굴 식물들을 층층이 심은 계단식 정원으로 기록에 따르면 그 장대한 규모로 인해 진흙 벽돌로 이루어진 초록빛 산과 같이 보였다고 전해지고 있다. 현대 이라크의 바빌 지방에 위치하고 있었으며, 지금은 그 존재가 남아 있지 않다. 많은 사람이 '공중정원'이라는 이름 때문에 혼동하는 경우가 많지만, 이는 그리스인들이 기록을 남길 때 사용한 단어 'kremastos'가 '공중'이라는 의미 외에도, 테라스 형식으로 지었다는 뜻을 동시에 가지고 있었기 때문이다.

바빌론의 공중정원은 고대 신바빌로니아 제국(바빌론 제10왕조)의 수도 바빌론에 존재했던 거대한 옥상 정원 단지를 말한다. 그리스의 시인 안티파트로스가 꼽은 세계 7대 불가사의 중 하나이며, 또한 동시대 다른 학자들의 저술에도 등장한다.

DATE	/	/	/	SUN	MON	TUE	WED	THU	FRI	SAT

알렉산드리아의
파로스등대

고대 세계 7대 불가사의(Seven Wonders of the World)

알렉산드리아의 등대 또는 알렉산드리의 파로스 등대(Lighthouse of Alexandria 또는 Pharos of Alexandria)는 기원전 3세기 프톨레마이오스 2세에 의해 이집트 알렉산드리아의 파로스섬에 세워진 거대한 등대이다. 100m에 달하는 높이를 갖고 있었으며, 세계 7대 불가사의 중 하나이다. 여러 세기 동안 당시 인간이 만든 가장 높은 건축물이다.

알렉산드리아의 파로스등대는 이집트 해안선은 매우 단조로워 항구를 찾기 어려웠다. 그래서 항해의 편의를 위해 등대를 세우게 되었다. 등대는 프톨레마이오스 1세의 아들 프톨레마이오스 2세의 대에 이르러 완공되었는데 그리스인 건축가 소스트라토스가 건축을 맡았다.

DATE / /   : SUN | MON | TUE | WED | THU | FRI | SAT

아르테미스 신전
Temple of Artemis

아르테미스 신전(아르테미시온)은 드물게는 디아나의 신전으로 알려져 있기도 하다. 그리스 신화에 등장하는 달의 여신 아르테미스에게 바쳐진 신전으로 소아시아의 에페소스(오늘날의 터키 셀추크 부근)에 있었다. 이 신전은 2번이나 완전히 새로 세워졌는데, 첫 번째로는 거대한 홍수로, 두 번째로는 방화로 인한 재건이었고, 3번째로 지어진 아르테미스 신전이 바로 고대 세계 7대 불가사의 중 하나이다. 기원후 401년에 최종적으로 파괴되었고, 현재는 신전의 토대와 조각 파편만이 남아 있다. 아르테미스 신전은 파괴된 뒤 오랫동안 잊혀졌다가 대영박물관이 후원하고 존 터틀 우드가 이끄는 탐사대가 6년의 탐색 끝에 1869년 재발견하였다.

아르테미스 신전은 기원전 550년 리디아의 마지막 왕 크로이소스가 크레타 출신 건축가 케르시프론과 그의 아들 메타게네스에게 의뢰하여 재건되었다. 이 시기 건설된 신전은 매우 화려했다고 하는데, 높이 30m에 너비도 대략 50 ×110 m가 넘었으리라 추측한다.

DATE	/	/	SUN	MON	TUE	WED	THU	FRI	SAT

할리카르나소스의 마우솔레움
Mausoleum of Halikarnassos

복원도

할리카르나소스의 마우솔레움, 마우솔로스의 영묘 또는 마우솔로스의 능묘는 할리카르나소스(현재 터키의 남서쪽 해안 도시 보드룸)에 있는 고대 세계 7대 불가사의 중 하나이다. 약 기원전 353년에서 350년 사이에 건립되었다. 마우솔레움에는 페르시아 제국의 사트라프(군사, 내정 양권을 장악한 태수)였던 마우솔로스와 그의 아내이자 누이인 아르테미시아 2세가 안치되었다. 그리스인 건축가들에 의해 지어졌으며, 건축 양식은 마우솔로스가 침공한 지역인 '리키아'지방의 양식을 따른 것으로 보인다. 다른 이름으로 '마우솔레움'이라고도 불린다. 마우솔레움은 대략 45m의 높이를 갖고 있다.

할리카르나소스의 미우솔레움은 스코파스와 같은 당대 저명했던 그리스 조각가가 제작한 부조 조각으로 장식되어져 있었다. 무덤의 상단 부분에는 한 면에 10개씩, 총 36개의 기둥이 각뿔 모양의 지붕을 받치고 있으며, 각각의 기둥 사이에는 조각상으로 장식되어져 있다.

DATE   /   /   /   SUN   MON   TUE   WED   THU   FRI   SAT

올림피아의 제우스상

Statue of Zeus at Olympia, 카트르메르 드 캥시(1815)

 기원전 5세기경에 건설된 올림피아 제우스 신전 내부에 위치한 좌상으로 기원전 435년에 조각가 페이디아스에 의해 조각되었다. 조각가 페이디아스는 8년에 걸쳐서 제우스 상을 만들어냈는데 당시 모든 이들이 그 조각상의 위엄에 압도됐다고 기록되어 있다.

DATE	/	/	SUN	MON	TUE	WED	THU	FRI	SAT

올림피아의 제우스 상은 그리스 올림피아의 제우스 신전에 세워진 거대한 신상으로, 그 높이가 무려 13m나 되었고, 유명한 그리스 조각가 피디아스에 의해 만들어졌다. 목재 골격을 상아와 금으로 덮었으며, 백향목과 황금으로 만들어진 거대한 옥좌에 신들의 왕 제우스가 앉아있는 모습을 형상화한 신상이었다. 고대 세계 7대 불가사의 중 하나이고, 기원후 5세기에 파괴되었기 때문에 현재로써는 그저 그리스 시대의 기록과 동전에서의 모습에서만 그 모습을 추정해 볼 수 있다.

제우스 신상은 당시 올림픽 경기의 주최자들에 의하여 기원전 5세기 후반에 새로 지어진 제우스 신전에 기부되었다. 당시 경쟁 관계에 있었던 아테네를 능가하기 위해서, 제우스 신상의 의뢰자들은 아테나 신상의 설계자인 피디아스에게 이 신상의 제작을 요청했다.

신상은 그것을 보관하기 위해 지어진 신전의 너비의 절반을 넘게 차지했다. 기원후 1세기에 지리학자 스트라본는 "만약 그가 일어선다면, 지붕을 뚫어버릴 것이 틀림없다."라고 적었다. 제우스 신상은 목재 구조 위에 금과 상아를 덮어 만들어진 신상이었다. 현재까지 보존된 신상의 금속 모형은 없기 때문에, 우리는 고대 그리스 로마 시대의 동전이나, 보석에 새겨진 모습으로만 그 원형을 찾아볼 수 있다.

기원후 2세기에 파우사니아스가 더 자세한 기록을 남겼다. 그에 따르면 제우스 신상은 거대한 월계관을 쓰고 있었으며, 유리로 된 긴 로브를 두르고 있었으며, 동물과 영웅들의 모습이 새겨져 있었다고 한다. 오른손에는 승리의 여신 니케의 황금 신상을 들고 있었으며 옆에는 황금으로 조각된 거대한 독수리가 있었다. 그가 앉아 있던 왕좌는 황금·보석·흑단·보석 등으로 꾸며져 있었고 영웅과 신화시대의 이야기들이 새겨져 있었다. 제우스 신상은 금으로 된 샌들을 신고 있었는데, 이 발을 얹은 받침대에는 아마조네스 여전사들이 조각되어 있었다. 신상 아래로 통하는 통로는 그림이 그려진 벽으로 막혀 있었고, 오직 허락받은 자만이 출입할 수 있었다.

 **올림피아의 제우스상**은 1954년의 발굴 조사 결과, 제우스 신상을 제작하는 데 사용되었을 작업장이 발견되었고, 제우스 신상의 대략적인 위치도 알게 되었다. 고고학자들은 황금과 상아, 보석들을 깎고 조각하는데 사용한 끌과 연장들도 발견하였다.

DATE / / | SUN MON TUE WED THU FRI SAT

로도스의 거상
Colossus of Rodos

 거상은 완공된 지 56년이 지난 기원전 224년에 지중해 동부를 강타한 지진으로 쓰러졌다. 프톨레마이오스 3세가 거상 재건 비용을 지원하겠노라 약속했지만, 델포이의 신탁에 따라 로도스 정부는 재건하지 않고 쓰러진 채로 놔두었다.

| DATE | / | / | / | SUN | MON | TUE | WED | THU | FRI | SAT |

로도스의 거상 혹은 크로이소스의 거상은 로도스에 있던 그리스 태양신 헬리오스의 조각상이다. 고대 세계 7대 불가사의 중 하나로 불린다. 이 조각상은 당시 로도스인들이 키프로스의 지배자와의 전쟁에서 싸워 이긴 것을 기념하기 위하여 그리스인 건축가 '카레스'에 의해 건립되었다. 대다수의 문헌에 따르면 이 동상은 약 33m 정도의 크기였다고 하는데 현재의 자유의 여신상과 그 크기가 비슷하다. 이 신상은 고대 세계의 신상 중 가장 거대한 크기였으나 기원전 226년에 지진으로 인해 무너졌고, 그 잔해들은 남아 있었으나 결코 다시 복원되지는 못하였다.

2015년에 로도스 항구에 다시 이 상을 세우려는 움직임이 있으나, 아직까지 이 거상이 정확히 어디에 세워져 있었는지는 알지 못한다.

기원전 16세기에는 미노스 문명의 사람들이, 그리고 기원전 15세기에 아카이아인이 도래하였고, 기원전 11세기에는 도리아인이 섬으로 왔다. 도리아 사람들은 후에 본토의 코스, 크니도스, 할리카르낫소스 이외에 린도스·이알리소스·카메이로스라는 3개의 중요한 도시(이른바 도리아 헥사폴리스)를 건설했다.

페르시아 제국 아케메네스 왕조가 소아시아에까지 그 세력을 확대하면서 로도스도 그 영향을 받을 수밖에 없는 위치에 있었지만, 페르시아 전쟁 이후 기원전 478년에 로도스섬의 도시는 아테네를 중심으로 델로스 동맹에 가입했다. 이후 기원전 431년에 펠로폰네소스 전쟁이 발발하지만, 로도스섬은 델로스 동맹의 일원에 있었지만, 중립적인 입장을 취했다.

전쟁이 끝난 기원전 404년 펠로폰네소스 전쟁의 결과 그리스는 피폐해졌고, 침략을 초래하게 되었다. 기원전 357년에 마우솔로스 왕에 의해 로도스섬은 정복되었고, 기원전 340년에는 아케메네스 왕조의 지배하에 들어갔다. 그러나 그 후 기원전 332년에 동정 중인 알렉산드로스 3세가 로도스섬을 아케메네스 왕조의 지배로부터 해방하여 자기 세력권의 일부로 삼았다.

 그리스의 로도스섬에 있었다는 청동 거상. 높이는 받침대를 제외하고도 30미터가 넘었다고 한다. 항구 입구 양쪽에 발 하나씩 딛고 선 형태라는 전승도 있지만 물리적으로 무게를 지탱하기가 어렵기 때문에 사실이 아닐 가능성이 높다.

DATE   /   /   / | SUN | MON | TUE | WED | THU | FRI | SAT

 거상은 완공된 지 56년이 지난 기원전 224년에 지중해 동부를 강타한 지진으로 쓰러졌다. 프톨레마이오스 3세가 거상 재건 비용을 지원하겠노라 약속했지만, 델포이의 신탁에 따라 로도스 정부는 재건하지 않고 쓰러진 채로 놔두었다.

DATE   /   /   SUN   MON   TUE   WED   THU   FRI   SAT